改訂1版
最新 保育士養成講座
第 **10** 巻

子ども家庭支援
―家庭支援と子育て支援

『最新　保育士養成講座』総括編纂委員会／編

全国社会福祉協議会

本書はテキストという性格上、歴史的事実等の表現は当時のままであること、また医学的
表現等は学術用語として用いられていることをお断りさせていただきます。

『最新　保育士養成講座』改訂版の刊行にあたって

■

　保育士とは、「第18条の18第1項の登録を受け、保育士の名称を用いて、専門的知識及び技術をもつて、児童の保育及び児童の保護者に対する保育に関する指導を行うことを業とする者」（児童福祉法第18条の4第1項）をいいます。この場合の「児童」とは、18歳未満の者をさしています。また、「保育」については、「養護及び教育（学校教育を除く）を行うことをいう」（児童福祉法第6条の3第7項を一部変更）と規定されています。つまり、保育士は、以下の3つの業務を行う専門職ということになります。

① 「就学前児童の保育」early childhood care & education（いわゆるエデュケア）

② 「18歳未満の児童の保育」childcare work（いわゆるケアワーク）

③ 「児童の保護者に対する保育に関する指導」（保育指導業務、技術体系としては「保育相談支援」の専門性）

　令和元（2019）年度保育士養成校入学生から、現在の保育士養成課程が導入されています。上記の業務を遂行する専門職を養成する新保育士養成課程において、最も中核となる科目（原理と内容）を選定すると以下の科目となります。これらが、保育士養成課程における最も大切な科目といえ、これらの科目は保育士養成に固有の科目で、他の専門職が学ばない中核的な科目となります。

① 就学前の児童の養護と教育が一体となった保育：保育原理、保育内容総論

② 18歳未満の児童の保育・養育・養護・育成支援・発達支援など：社会的養護Ⅰ、社会的養護Ⅱ、障害児保育

③ 保育指導：子ども家庭支援論、子育て支援（保育相談支援）

　現在の保育士養成課程は、前回の養成課程導入後10年を経て、その間の保育・保育士をめぐる動向をふまえたものとなります。この間、18歳未満の保育のあり方には、大きな変革がありました。制度的には、平成

27(2015)年度から子ども・子育て支援制度が創設され、平成28(2016)年の改正児童福祉法では、「児童の権利に関する条約」の精神が盛り込まれるなど、子ども家庭福祉の理念が現代社会のありようを反映し、明確化されました。

　その後のコロナ禍を経て、さらに少子化の著しい進行や子ども・子育てが置かれた現状に危機感を募らせた政府は、一連の制度改革を進めてきました。令和5(2023)年度には、こども家庭庁が創設されるとともにこども基本法が施行されました。令和6(2024)年度には、「児童福祉法等一部改正法」が施行され、こども未来戦略の閣議決定(令和5〔2023〕年12月)とそれを推進するための「子ども・子育て支援法等一部改正法」も公布されています。

　また、この間、保育士業務に深くかかわる各種支援のための政府の指針も多く発出されています。例えば、児童養護施設運営指針等の社会的養護関係施設運営指針(2012)、放課後児童クラブ運営指針(2015)、放課後等デイサービスガイドライン(2015、2024改訂)、児童発達支援ガイドライン(2017、2024改訂)、障害児入所施設運営指針(2021)、児童館ガイドライン(2018改正)等の発出がありました。保育所保育指針、幼保連携型認定こども園教育・保育要領、幼稚園教育要領の改定版も平成30(2018)年度から施行され、前述のとおり新保育士養成課程も施行されています。併せて、保育士試験科目も改定されました。さらに、令和5(2023)年末には、「幼児期までの子どもの育ちに係る基本的なビジョン」ならびに「こどもの居場所づくりに関する指針」が閣議決定されています。これらのビジョンや指針、ガイドライン等は、保育のありように直接影響を与えるものとなり、学びが必要とされます。

　ところで、『保育士養成講座』シリーズのはじまりは、昭和38(1963)年にさかのぼります。それから半世紀以上が経ちました。この間、全国社会福祉協議会では、保育士試験受験者、保育士養成校の学生にむけたテキストを発刊し続けてきました。そして令和元(2019)年に、それまでの『新

保育士養成講座（全12巻）』の全面改訂版として、『最新　保育士養成講座（全10巻）』を発刊しました。

このたび発刊する『最新　保育士養成講座』の改訂版は、その後の保育士をめぐる動向を反映し、順次改訂していくこととなります。

保育所保育指針では、保育士の力量を倫理、知識、技術、判断の4点に整理しています。このなかでは専門職としての価値や倫理が根底となります。それらを基盤として、専門的知識、専門的技術が獲得されていきます。そして、それらのすべてが統合された専門性が「判断」として生きてくることとなります。保育士はこうした専門性を生かし、以下の4つの立ち位置を縦横に駆使しつつ、子どもと親とのよりよい関係の構築や子どもの発達の保障に取り組む専門職といえるのです。

・親と子の間に介在し、よりよい親子関係の形成に寄与する

・子どもとの応答的な関係を取り結び、子どもの安全基地となる

・子ども同士の間に介在し、仲立ちをし、子ども同士の民主的な人間関係の取り結びを支援する

・子ども同士がきまりを守りつつ自主的に活動する場を見守り、必要に応じて介入する

このような期待に応えることのできる保育士養成のため、この『最新　保育士養成講座』シリーズは、編著者一同、心を傾けて執筆しています。本テキストが、保育士をめざす方々やその関係者に広く活用されることを心から願っています。

令和6（2024）年7月

『最新　保育士養成講座』総括編纂委員会

委員長　柏女霊峰

目　次

『最新　保育士養成講座』改訂版の刊行にあたって

序　章　保育士が担う「子ども家庭支援」と「子育て支援」 …… 1

第1節　なぜ、保育所における子育て家庭への支援を学ぶのか ……… 2
第2節　保育士が行う子育て家庭支援の変遷 ……………………… 3
第3節　保育士養成課程と本書の構成 …………………………… 6

第Ⅰ部　家庭支援

第1章　子ども家庭支援の意義と役割 ……………………… 7

第1節　子ども家庭支援の意義と必要性 ………………………… 8
　　1　子ども・子育て家庭をめぐる環境変化と現状 ……………… 8
　　2　子ども家庭支援の意義 ……………………………………… 9
第2節　子ども家庭支援の目的と機能 …………………………… 10
　　1　目的と範囲 …………………………………………………… 10
　　2　子ども家庭支援の機能と専門性 …………………………… 14

第2章　保育士による子ども家庭支援の意義と基本 …………………………………………………………… 19

第1節　保育の専門性を生かした子ども家庭支援とその意義 ………… 20
　　1　保育所・認定こども園の特性を生かした家庭支援 ………… 20
　　2　保育の専門性を生かした家庭支援 ………………………… 21
第2節　子どもの育ちの喜びの共有 ……………………………… 24
　　1　子どもの育ちの共有と保護者との協働 …………………… 24
　　2　子ども理解の視点を伝える ………………………………… 25
　　3　その子の「よさ」や「強み」を共有する ………………… 26
第3節　保護者および地域が有する子育てを自ら実践する力の支持 …… 28
　　1　「子育てを自ら実践する力」の向上とは ………………… 28
　　2　乳幼児期にふさわしい生活モデルを提示する …………… 29
　　3　子育てに活用しやすい情報を伝える ……………………… 30
　　4　地域とつながる …………………………………………… 31
第4節　保育士に求められる基本的態度 ……………………… 32

	1	受容的関わり	32
	2	自己決定の尊重	34
	3	秘密保持	35
第5節		家庭の状況に応じた支援	37
	1	就労と子育ての両立のための多様な保育ニーズへの対応	37
	2	障害や発達上の課題のある子どもの保護者に対する支援	38
	3	特別な配慮を必要とする家庭に対する支援	39
	4	育児不安や不適切な養育等が見られる保護者に対する支援	40

第3章　子育て家庭に対する支援の体制　43

第1節		子育て家庭の福祉を図るための社会資源	44
	1	行政機関等	44
	2	児童福祉施設	49
	3	子育て家庭を支える専門職・実施者	52
第2節		子育て支援施策・次世代育成支援施策の推進	54
	1	保育士が担う子ども家庭支援	55
	2	少子化対策から次世代育成支援施策へ	56
	3	子ども・子育て支援制度	61
	4	子ども施策の総合的な推進へ	65

第4章　多様な支援の展開と関係機関との連携　71

第1節		子ども家庭支援の内容と対象	72
	1	子ども家庭支援の内容	72
	2	子ども家庭支援の対象	73
第2節		保育所等を利用する子育て家庭への支援	76
	1	支援の展開	76
	2	関係機関との連携	81
第3節		地域の子育て家庭への支援	84
	1	支援の展開	84
	2	関係機関との連携	86
第4節		要保護児童およびその家庭に対する支援	87
	1	支援の展開	87
	2	要保護児童とその家庭に対する保育所の支援と関係機関の連携	87
	3	要保護児童とその家庭に対する児童福祉施設と関係機関の連携	88

第5章　子ども家庭支援に関する現状と課題 …………93

第1節 制度・行政上の仕組みにおける課題 …………94
   1　子ども家庭相談体制の整理と見直し …………94
   2　就学前の子どもの保育・教育を担う施設の整理と保育士資格の
     位置付け …………96
第2節 子育ち・子育てに対する社会の意識 …………97

第Ⅱ部　子育て支援

第1章　保育士が行う子育て支援の特性 …………101

第1節 子どもの保育とともに行う保護者を対象とした子育て支援 …………102
   1　「子どもの最善の利益」と子育て支援の関係 …………102
   2　保育と関連して展開される子育て支援 …………105
第2節 日常的・継続的な関わりを通じた保護者との相互理解と信頼関係 …………108
   1　日常的・継続的な関わりを通じた保護者との相互理解 …………109
   2　日常的・継続的な関わりを通じた保護者との信頼関係 …………111
第3節 家庭が抱えるニーズへの気づきと多面的な理解 …………113
   1　家庭が抱えるニーズに「気づく」 …………113
   2　家庭が抱えるニーズの多面的な理解 …………115
第4節 親子が多様な人々と関わる機会や場の提供 …………117
   1　保育所を利用する子どもの保護者を対象とした交流の機会や
     場の提供 …………118
   2　地域の子育て家庭を対象とした交流の機会や場の提供 …………120

第2章　保育士による子育て支援の展開 …………123

第1節 子どもおよび保護者の状況・状態の把握 …………124
   1　保育士による子育て支援の開始 …………124
   2　子どもおよび保護者の状況・状態の把握と分析 …………125
第2節 子育て支援の計画 …………130
第3節 子育て支援の環境構成 …………131
   1　保育士と保護者が信頼関係を築くための環境 …………132
   2　子どもの成長の喜びを共有できる環境 …………133
   3　家庭での育児を豊かにする環境 …………133
   4　保護者同士がつながる環境 …………134
第4節 子育て支援の具体的手段 …………135
   1　送迎時の会話 …………135
   2　連絡帳 …………136
   3　子どものようすの掲示 …………137

	4	情報提供の方法 ·· 137
	5	保護者懇談会 ··· 138
	6	家庭訪問 ··· 139
	7	行事 ··· 140

第5節　子育て支援の技術（保育士の保育相談技術）············ 144

	1	子育て支援で保育士が活用する技術 ·························· 144
	2	保育士が子育て支援を行う際に基盤となる保育技術 ········· 144
	3	保育相談支援技術 ·· 148
	4	子育て支援の技術を用いた支援の実際 ······················ 150

第6節　職員間の連携・協働の実際 ····························· 152

第7節　社会資源、自治体・関係機関や専門職との連携・協働の実際 ····· 158

第3章　保育士が行う子育て支援とその実際 ············ 167

第1節　保育所等における子育て支援 ·························· 168

	1	保育所と保護者との相互理解 ······························ 168
	2	保育所での具体的な保護者への支援 ························ 169

第2節　特別な配慮を要する子どもおよびその家庭に対する支援 ········· 175

	1	病気の子どもと家族への支援と病児・病後児保育 ··········· 175
	2	医療の現場での保育や医療的ケアを必要とする子ども・家庭の支援 ··· 177

第3節　児童虐待の予防と対応 ································ 180

	1	子育てと子どもの育ち ······································ 180
	2	保育所での虐待予防・早期発見 ···························· 181
	3	保育所での虐待対応の事例 ································· 183
	4	配慮の必要な家庭への支援 ································· 186

第4節　多様な支援ニーズを抱える子育て家庭の理解とその支援 ········· 186

	1	段階1：保育所の気づきと支援へのきっかけ ··············· 187
	2	段階2：虐待通告により母親の精神的不安の増大 ··········· 189
	3	段階3：こども家庭センターとのネットワーク ············· 190
	4	段階4：新たな問題と、つながる支援 ····················· 192
	5	まとめ〜ネットワークの一員としての自覚を〜 ············· 193

第5節　地域の子育て家庭に対する支援 ······················· 194

	1	保育施設等を利用していない子育て家庭の現状 ············· 194
	2	保育士による地域における子育て支援の取り組み事例 ······· 196

第6節　要保護児童等の家庭に対する支援とその実際 ············· 199

	1	要保護児童について ·· 199
	2	施設で生活する要保護児童と地域で生活する要保護児童 ····· 201
	3	要保護児童と家庭への支援 ································· 203
	4	要保護児童と家庭に対する新たな支援の方向性 ············· 207

項目索引 ……………………………………………………………… 212

デザイン：**サザンカンパニー**

序章

保育士が担う
「子ども家庭支援」と「子育て支援」

第1節 なぜ、保育所における子育て家庭への支援を学ぶのか

　第10巻は、保育士養成課程科目の「子ども家庭支援論」と「子育て支援」に対応する内容となっている。保育士は、「保育士の名称を用いて、専門的知識及び技術をもつて、児童の保育及び児童の保護者に対する保育に関する指導を行うことを業とする者」(児童福祉法第18条の4第1項)と定められている。本巻は、保育士の「児童の保護者に対する保育に関する指導」について、その意義と役割、制度の仕組み、実践方法、課題を解説した。

　保育所における子育て家庭への支援の必要性が意識され、かつ法律に位置付けられるようになったのは1990年代後半からである。平成9(1997)年の児童福祉法改正では、保育所の地域子育て支援、保護者支援の努力義務が規定された。平成13(2001)年の児童福祉法改正では、冒頭で述べたように、保育士の業務に「児童の保護者に対する保育に関する指導」が定められ、子育て家庭の保護者への支援は、保育士が必ず行わなければならない業務になった。このような法的な位置付けを根拠として、平成20(2008)年改定の保育所保育指針(以下、保育指針)では、保護者支援の章(第6章)が創設され、平成29(2017)年告示の保育指針においても、保護者への子育て支援は、保育と並行して、かつ一体的に取り組まれる重要な業務であることが示された(第4章)。また、幼保連携型認定こども園においても同様に、保育機能、教育機能と並列して、子育て支援機能が位置付けられ、その内容は、幼保連携型認定こども園教育・保育要領(第4章)に示されている。保育所以外の児童福祉施設でも保育士には、その専門性を発揮しながら施設内外の他の専門職と連携、協力し、子育て家庭を支えることが求められている。

　このような動向を受け、保育士養成課程も改正され、平成14(2002)年度からは「家庭支援論」(当初は「家族援助論」)が、平成21(2009)年には「保育相談支援」が必修科目となり、保育士が家庭支援を担う基礎力養成のための環境整備が図られた。そして、平成29年の保育士養成課程の改正において、旧

課程の「家庭支援論」「保育相談支援」「相談支援」が、「子ども家庭支援論」と「子育て支援」に再編された。この第10巻は、保育所における子育て家庭への支援の全体像がとらえられるよう、「子ども家庭支援論」と「子育て支援」の合併版として発刊する。

第2節 保育士が行う子育て家庭支援の変遷

　保育士が行う子育て家庭への支援の目的や内容、また保護者との関係のあり方は、保育指針（第4章）により明確に示されている。そこで、保育指針第4章に示される子育て家庭への支援の特徴を理解するために、保育指針に「保護者に対する支援」の章が設けられ、現行の第4章に示されるような内容に整理されるまでの変遷を紹介する。

　昭和40(1965)年策定時の保育指針では、保護者と保育所の関係は「家庭との関係」という項目に集約的に記されていた。家庭養育と保育所保育が自立的に機能していることを前提としつつ、子どもの育ちを支えるために連携が必要であることが示されていた。平成2(1990)年の保育指針改定版では、「家庭や地域社会と連携を密にして家庭養育の補完を行」うことが、保育の基本（第1章総則）に明記されるようなった。ただ、当時の保育指針の記述からは、「保護者が子どもの状態を理解できるようにする」や「保護者を指導する」等、保育所による家庭への指導的観点も読み取れる。

　平成12(2000)年改定版では、児童虐待相談件数の増加や発達障害がある子どもと家庭への支援に対応するため、子育て家庭への支援に関連する記述が増加した。第12章の「虐待などへの対応」、第13章「障害のある子どもの保育」「特別な配慮を必要とする子どもと保護者への対応」において、子育て家庭への支援の内容が示されている。さらに、児童福祉法改正による保育所の子育て家庭への支援の努力義務化等も影響し、第13章には「地域における子育て支援」の項目が設けられた。ただし、平成12年改定版における子育て家庭への支援の内容

は、虐待家庭や障害がある子どもの家庭等への支援、地域の子育て家庭への支援に焦点化されていた。当時から保育所では、保育所を利用するすべての子育て家庭への支援に多様な手法で取り組んでいたが、保育指針には、その目的や内容について体系的には示されていなかった。

　平成20(2008)年改定版の保育指針では、児童福祉法(2001年改正)に保育士の子育て家庭への支援の役割(保護者に対する保育に関する指導)が定められたことを受けて、「保護者に対する支援」(第6章)が創設された。そこでは、「保育所における保護者に対する支援の基本」「保育所に入所している子どもの保護者に対する支援」「地域における子育て支援」の項が設けられた。保育所や保育士が実践してきた保育所を利用する子育て家庭への支援が、重要な役割や業務であると認められ、かつそれらは、保育の専門性を基盤として発揮されることが明示されるようになった。平成29年告示の保育指針においては、「保護者への支援」から「子育て支援」へ、章の表題が変更されたが、平成20年改定版保育指針の第6章の内容は、おおむね引き継がれている。ただ、いくつかの特徴も認められる。そこで、「第4章　子育て支援」の主な改定のポイントを列挙しておく。

- ・「保護者への支援」から「子育て支援」へ表題が変更され、保育所における保護者支援は、保護者の子育てを支援することが明確になったこと。
- ・保育所や保育士は、保護者と連携し子どもの育ちを支えることがより強調されたこと。
- ・保育所の子育て支援は、保育の特性を生かして行うとともに、保育と連動していることへの理解の必要性がより具体的に示されたこと。
- ・外国籍の家庭等、特別な支援を必要とする家庭のとらえ方が広がったこと。
- ・保育所は、ソーシャルワーク機能を担うのではなく、ソーシャルワーク機能を担う専門機関と連携しながら、子育て家庭支援を行うと整理されたこと。

　このように保育指針に示される、保育所や保育士による子育て家庭への支援の考え方は、社会的な状況や法改正の影響を受けながら少しずつ変化してきたことがうかがえる。

1つは、保護者と保育所の関係の変化である。保育指針策定時の家庭教育が機能しているという理解を前提とする保護者との協力関係から、保育の専門機関としての保育所による家庭養育への支援や指導の強調へ。そして平成20年の改定以降、保育所と保護者は、共に子どもを育てる協力者であることが示され、その役割をより効果的に機能させていくためにも、保育所が保護者を支援することが必要であると認識されるようになった。

2つ目は、対象の変化である。保育指針の制定当時より、家庭との連携に関する記述は認められるが、子育て支援の対象としては、特別なニーズがある家庭と地域の子育て家庭のみが示されていた。平成13年の児童福祉法改正において、保護者への支援(保護者に対する保育に関する指導)も保育士の業務であると定められたことにより、子どもの保育のために行っていた保護者との関わりが、子育て家庭への支援として再評価されるようになった。また、平成29年の改定では、外国籍の家庭等、特別な支援を必要とする家庭のとらえ方が広がった。

3つ目は、保育士が行う子育て支援は、保育の専門性を基盤とすることが明示されたことである。平成20年の保育指針改定までは、ソーシャルワーク等、他の専門性を活用することも想定されていた。しかし、平成29年の改定では、保育士の子育て支援は、保育の専門性を基盤としながら展開されること、またソーシャルワークを理解しながら、ソーシャルワークを担う専門機関と連携すると整理された。これは保育士の福祉職としての専門性が弱くなったことを意味するものではない。保育士がケアワークという福祉の専門職であること、子どもを対象としてケアワークと乳幼児教育を一体的に担う保育という独自性を有する専門職であると示されたといえる。

第10巻は、保護者と保育所の関係の変化、子育て家庭支援の対象範囲の変化、保育を基盤とする子育て支援という保育指針の改定の方向性をふまえながら、「指定保育士養成施設の指定及び運営の基準について」(令和4〔2022〕年一部改正 厚生労働省雇用均等・児童家庭局長通知)に基づき、「子ども家庭支援論」および「子育て支援」の合体版として作成した。

第3節 保育士養成課程と本書の構成

　ただし、「子ども家庭支援論」と「子育て支援」は独立した科目であり、授業を行う際は当然、一定の基本事項は、それぞれに教授する必要がある。そのため、厚生労働省の通知(「指定保育士養成施設の指定及び運営の基準について」(令和4年一部改正　厚生労働省雇用均等・児童家庭局長通知)に示されるシラバス内容も、両科目で重複している項目がある。本巻は、厚生労働省の通知に示されるシラバスに準拠していること、実際の授業では「第Ⅰ部　家庭支援」と「第Ⅱ部　子育て支援」が、それぞれの授業で教授されると予想されること、重複箇所は重要箇所であると考えられることから、重複する項目もそれぞれの章で解説している。ただ、科目内でも重複が認められる項目などは、整理して目次を編成した。特に「第Ⅰ部　家庭支援」では、他巻の「子ども家庭福祉」の内容ともかなりの部分が重複しているが、子ども家庭支援を保育士がなぜ担わなくてはならないのかという福祉職としての使命と専門性の観点から記載している。子ども家庭支援として行う関わりの多くが、子ども家庭福祉の理解を基礎としていることをご理解いただけるものと考える。

　「第Ⅱ部　子育て支援　第3章　保育士が行う子育て支援とその実際」では、事例、もしくは現状を示すデータで保育所やその他児童福祉施設における子育て支援の実際について詳細に解説している。

　保育士による子育て家庭への支援の働き(保育相談支援)は、保育の専門性を基盤とするものであることが明確となり、保育指針に体系的に示されるようになってから10年以上が経った。本巻が、保育相談支援がすべての子育て家庭への支援のなかでどのような役割を有し、機能するのか、その理解の一助になれば幸いである。

I 家庭支援

第1章 子ども家庭支援の意義と役割

学習のポイント

　この科目は、子どもを取り巻く養育環境が急激に変化を見せるなかで、「子どもの育ちを支援する」ことの重要性を理解し、保育士として子どもと家庭にむき合う基本姿勢を学ぶことをまず、第1の目的としている。そのうえで、子どもの育ちのなかで求められること、家庭が必要としている支援の種類、方法、技術等について、関係する事項を整理しながら学習する。保育士は社会福祉の専門職であり、国家資格であることをふまえ、家庭での保護者による養育を中心とした支援のみならず、社会的養護や障害などの支援を必要とする子どもたちとその家庭への関わりもその使命である。これは子どもの権利保障の理念に沿ったものであることを理解し、それができる能力を有した保育者となることをめざすための科目である。本章では、保育所保育士のみならず、児童養護施設、療育施設等の社会資源において子ども家庭支援を担う保育士、子育てひろば等地域における幅広い利用者と関わりをもつ保育士等、すべての「子ども」、多様な「家庭」にはたらきかける子ども家庭支援の実践のなかで求められる保育士の意義と役割、その必要性についてまとめる。

第1節 子ども家庭支援の意義と必要性

1 子ども・子育て家庭をめぐる環境変化と現状

　現代社会における家庭環境の変化はさまざまである。少子化による核家族化や夫婦関係の変化、婚姻のあり方等さまざまな社会的指標の変化が、子どもが育つ養育環境としての「家庭」の変化を示している。出生率の低下、家庭内における子育て不安、子育ての孤立化による児童虐待の増加、仕事と育児の両立、離婚の増加など、子育ての主体であるはずの家庭や保護者の生活が揺れている。

　そして、インターネット上でのソーシャル・ネットワーキング・サービス（SNS）の普及に代表されるメディアの発達が家庭のなかの親子関係や学校・地域での人間関係のありようにも大きな変化を起こしている。ライフスタイルも変わり、学業や仕事の選択・決定も50年前とは大きく違ってきている。自殺やキレる子の増加、学級崩壊、少年犯罪の凶悪化など子ども自身の迷いや叫びがこのような事実をとおして浮かび上がってきている現状がある。

　しかし、このような変化の結果、子どもたちの居場所は家庭のなかだけでなく、SNSのような目に見えない関係性のなかでも維持され、家庭外の多様な者たちとのつながりを可能にした。かつては「男は仕事、女は家事・育児」といった性別役割分業を前提とした生活のなかで行ってきた子育ても、保育所・認定こども園・幼稚園を利用しながらの生活を選択する者が多くなり、親たちの生活も外にむかって広がりをみせている。若い親世代を中心にSNSでつながった有機的なネットワークは、情報交換や相談の場となって親たちの生活のなかに溶け込んでいる。

　しかし、もたらされた新しい変化は、子どもの育ちや家庭生活の脆さ、危険性も同時に高めている。子どももおとなもSNSやインターネットによって簡単に情報にアクセスできる

ようになったことで情報選択の判断能力が失われ、また、他人の評価を気にし、他人よりも少しでも得な結果を求めるという行動様式を是とする傾向が強くなっていることも指摘されている。

　このことは、情報に先んじることによって、サービスを利用できた者たちにとっては心地よい社会であるが、遅れをとった者や競争に敗れてしまった者の孤独や悩みを増大させる結果となり、子どもの子どもらしさや子どもの育ちをゆったりと受け止める家庭の喜びの機会を奪っている側面もあるだろう。子育ての悩みは、直接対面で相談するのではなくSNSで発信し、子育てブログ等を参考に自己解決する親たちも多い。つまり、これはあらためて相談機関に出向いたり、電話をかけたりとの行動を起こすことは大変な労力であると感じるからである。しかし、ネット上の顔が見えないつながりは、気楽である一方で、本当の自分の悩みや問題を理解してもらえていないのではという不安感を生じさせている。

2　子ども家庭支援の意義

　このような時代、求められていることは子どもにとっても、保護者にとってもその家庭の特性を理解し、問題解決を示唆してくれる「理解者」を見つけることである。従来、家庭内の問題は家庭内で解決するべきものととらえられ、家族・親族等の限定的な関係性のなかでの対応が主であった。しかし、子どもたちが育つ場としての家庭も多様であり、限られた方法での問題解決が困難になっている。何よりも、事態が深刻化しないうちに助けを求め、安全な場所に避難することができる新しい関係性を確保することが重要になる。そして、問題が発生する前に、また問題が深刻化する前に、予防の観点から自己解決能力を高めるというエンパワメントの力が子どもにもおとなにも必要になってきている。

　そのような力を得るためには、保育士等には子どもと家庭（保護者）と日常的に関わりながら一体化した支援を行う機能が必要になる。社会福祉士や保健師、幼稚園教諭等保育士と同様に親子に関わりをもつ専門職はほかにもあるが、日常的な保育や関わりをとおしての気づきをもとに対応を展開できる専門職と

して、保育士が担う部分は少なくない。

　実際にも、多くの施設や社会資源のなかで活躍している保育士は子どもと家庭（保護者）に寄り添いながら、保育・教育の専門知識と技術を基盤として、子どもの育ちに資するために相談援助活動等の支援を行っている。児童虐待の数は一向に減少せず、子どもを育てることは決してたやすいことではない現代社会においては、子どもの日常生活を基礎として気づきをとおして家庭を支援していくという視点を有した「子ども家庭支援」の必要性はますます高まっていくといえよう。

　保育士として行う相談援助等が社会福祉活動である以上、日本国憲法第11条の基本的人権、第25条の生存権、そして子どもの権利に関する条約の基本原理である「児童の最善の利益」の尊重を実現するために保育相談支援（相談援助）を行うことが子ども家庭支援の意義である。

子ども家庭支援の目的と機能

1　目的と範囲

(1)　「家庭」が意味する範囲

　「家庭」は子どもが育つうえで欠かせない場であることはいうまでもない。生物学的に子どもが命をつなぎ、身体・精神双方の成長を育む媒体として、「家庭」の存在は非常に重要であることに異論をはさむ余地はない。

　子どもの養育環境に「家庭」が欠かせないものであることを主張し、その後、世界的に児童福祉政策に大きな影響を与えたのは、イギリスのボウルビィ（Bowlbe, J.M.）の研究であろう。彼の貢献を示す重要なものとして、1951年のWHO報告書があげられるが、これらをとおして、子どもの養育環境には、特定のアタッチメント対象との持続的・個別的・一貫性のある関

係性である「母性的養育」の存在が重要だと述べている。乳幼児期に母性的養育の失われた状態(剥奪)が長期的に起こることは、子どもの心身の成長にマイナスであることを示し、それを防ぐための手立てとして、「家庭」や「家庭的環境」に着目し、その確保の重要性を主張した。

　ボウルビィは、家庭における親による養育が可能でない場合は、それに代わる場所の検討と、それを実現するソーシャルワーカーの存在が大きいと主張した。これにより、子どもにとっての養育環境としての「家庭」は、血縁・血族という関係性が必ずしも優先するものではないことを示したのである。訓練されたソーシャルワーカーの存在により、子どもが生来の家庭で得られなかった養育環境を享受し、対人関係の基礎となる愛着形成を築くことができるのだと示している。このことからも、社会福祉領域、特に児童福祉においては血縁・血族を基礎とした人間関係のみに縛られず、子どもを取り巻く多層的・横断的な人間関係を構成する場や空間、できごとを共有する有機的な関係性を「家庭」としてとらえていくことを前提として考えられている。

　平成28(2016)年改正の児童福祉法においても、生来の親によって養育される機会を失い、社会的養護ケアのもとで成長する子どもたちには家庭的養護ケアの提供によって、「家庭」と同様の人間関係や養育環境を用意することが必要であるとされた。つまり、子どもにとって「家庭」の構成員が血縁・血族であるということは必ずしも確定的ではなく、子どもの育ちを見守り、育む環境としての「家庭」が形成されていること、そしてそれを実現できるように国・地方自治体等による地域社会が支えていく仕組みを有していることが求められているのである。

　このように「家庭」をとらえることは、「子ども家庭支援」を行う専門職としての保育士のスタンスやパフォーマンスにも、大きく関係する。子どもの育ちを客観的にとらえる視点は、対象がもつニーズの理解のアセスメントに違いが生じるからである。専門知識に裏打ちされた見通しをもって、保護者と共に子どもの成長を支えていく姿勢は、保育士が子どもの育ちを客観的にとらえるソーシャルワーカーとして機能していることを示している。

(2) 子ども（当事者）支援

　子ども家庭支援における「子ども」とは児童福祉法に規定されている「児童」と同義であるため、その年齢範囲は0歳から18歳未満となる。保育士の仕事というと、就学前児童を思い浮かべることが多いが、実際には多くの現場において学童期以降の子どもへの対応が必要であり、保育士としての支援内容は幅広く重要視されている。

　小学校の特別支援学級で対応するのは養護教諭や小学校教諭であるが、放課後等デイサービスの現場には保育士が勤務している。もちろん、放課後児童健全育成事業（学童保育）においても保育士として子どもとの関わりは重要である。児童養護施設の児童指導員や児童館での児童厚生員も保育士資格保持者が多い。

　このように保育士の活躍する現場も対応する子どもの年齢も幅が広いことに加え、子どもたちは日々、成長・発達し動いているため、その日その日の日常生活のなかで多くの観察、関わりをとおしての援助を要するという特殊性を有している。日常のなかで発生した問題は次の日の支援へと連続しており、保護者への連絡を含めて実施した援助が、その子どもの成長のなかでどのような意味をもち、どこをめざした援助なのかをしっかりと確認したうえで行うことが必要となる。これは児童の権利に関する条約（子どもの権利条約）第12条意見表明権等の自由権と関連してみられる、子どもの発達特性に配慮しながら子どもを権利の主体としてとらえた関わりを実践していくことである。

　子どもへの支援の大原則は、目の前の子どもの姿を大切にしつつ、子どもの最善の利益を常に考慮した基本姿勢を保つことである。主役は子どもであり、それまでの育ちの環境やその子どもの基盤になっていることを理解したうえでの関わり方を慎重に行う必要がある。

　これは、子どもの生活背景や家庭の状態、性格等に個人差があることを、保育の現場をとおして体験的に理解し得る保育士だからこそできうる。当事者である子どもは、ときに保護者の意図や思いに反する結果を求めていることもある。また、表面に現れる課題の裏側にもっと根源的な問題を抱えている場合も

ある。このように、子ども自身の思いと行動は、一致しないことも多く、その見極めは容易ではないが、常に子ども自身の立場と事情を勘案しながら対応できる立ち位置にあるのが保育士であることを忘れてはならない。

(3) 保護者支援

　保育士が行う子ども家庭支援の現場は多様であることから、関わるそれぞれの家庭の事情、背景を一般化することはできない。「フルタイム共働きの家庭」という外形的には同じくくりに入るような対象であっても、そこに暮らす家族の年齢や構成、地域性や慣習や文化等によって、求める支援ニーズも変わってくるだろう。

　行政的には、「ひとり親家庭」「共働き家庭」「障害児の家庭」など、子どもや家庭の形態による分類を行って、その特徴を類型化することにより、できるだけ公平で均一的な支援を行うような仕組が構築されているが、実際の現場での支援はそのような行政的な条件のみによって行われるわけではない。日々出会う子どもの笑顔や涙、親たちの態度や気持ちをできるだけ正確に読み取り、かつ問題が深刻化しないうちに対応できるように声をかけ、具体的サービスに結び付けるフットワークのよさが求められている。

　また、子どもの育ちの状況が同じであっても、それを受け止める各保護者の感情や理解は必ずしも同質ではない。個人個人によって受け止められる情報の範囲や理解度は異なることから、それぞれとの会話ややりとりをとおして判断していく力が必要になる。保護者支援を行う場合、援助者としての思いや正義感を前面に押し出さないことが大切である。援助者である保育士が自らの知識や専門性を拠り所に自分勝手に「知りたいこと」を聞き出そうとしたり、「困っていること」を類推したりしてはならない。子育て家庭のニーズはさまざまであり、その構成員である保護者の気持ちも多様であることを理解したうえで、親たちが何を悩み、何に困っているのかを読み取る福祉の感性が必要である。

　また、援助対象の当事者の子ども以外に、その家庭にきょうだいがいる場合、また祖父母等の同居者がいる場合も、その存

在を考慮した関わりをする必要がある。「家庭」を構成するメンバーを十分に把握したうえでの支援を心がけることが大切である。

2 子ども家庭支援の機能と専門性

保育所保育指針解説第4章1保育所における子育て支援に関する基本的事項(2)子育て支援に関して留意すべき事項には「保育所における子育て家庭への支援は、(略)ソーシャルワークの中核を担う機関と、必要に応じて連携」するとされている。保育士は、子どもの保育(養護・教育)に携わる専門職であるが、子どもを取り巻く人間関係や子どもの保育を支える施設・機関等の社会資源との連携を行うソーシャルワーカーとしての機能を有していなければならない。

つまり、子ども家庭支援を行うということは、保育士の専門性のひとつとして求められる福祉職としての力量によるところが大きい。特に、相談援助の技術をとおして子ども自身や保護者等、家庭に関わっていく機会が多いことから、相談援助の技術の習得は必須になる。また、相談援助活動をとおして連携していく施設や機関、地方自治体の関係部署等のネットワークの活用を円滑に行うよう努めることが求められる。

保育士の主な仕事は目の前の子どもと毎日を共に生き、その時間をとおしてくみ取った思いやニーズを外に発信するアンテナを磨くことであろう。それを高めていくためには、保育相談支援(相談援助)の技術のほか、ソーシャルワーカーとして求められる機能を保育の現場で発揮できる力が必要となる。

令和4(2022)年の児童福祉法改正によって創設されたこども家庭ソーシャルワーカー[注1]の資格は、保育士資格をもち一定の実践経験を有している者も、研修等を経てもつことができるようになった。

このことはもとより、保育士養成課程においてソーシャルワーカーの技術や資質を有することを重視してきたこととリンクしている。

日本ソーシャルワーク学会が定義した9つの機能(仲介機能、調停機能、代弁機能、連携機能、処遇機能、治療機能、教育機能、保護機能、組織機能)のすべてが子ども家庭支援を行う際

注1・・・・・・・・・・・・・・・
　第Ⅰ部第3章第1節3「子育て家庭を支える専門職・実施者」を参照。

に保育士に求められているといえる。保育士が勤務する施設機能や目的の違いによってカバーできる領域や範囲は異なるが、すべての機能を視野においた関わりを意識しておくことが望まれている。

　社会福祉職としての専門性のうち、子ども家庭支援の現場ごとに必要な機能や専門性を整理したものが表Ⅰ-1-1である。保育士が勤務する可能性がある施設・機関をあげている。それぞれに求められる中心的な機能は異なっているものの、いずれもソーシャルワークの機能として定義されているはたらきと同様の動き方をしている実態がある。直接処遇の子どもへの養護を行う児童養護施設や乳児院であっても、退所児童の相談を受けることや親子再統合をめざして子どものようすを保護者に伝え、保護者への支援が必要であれば関係するサービスを紹介する等の動きをしているからである。保育士がその責任者として前面に出るわけではないが、職員同士の連携をとるなかでは、保育士として子どもの生活に日々接しているなかで得られる情報を他者に伝える必要がある。その場合も、ソーシャルワークの機能を果たす一部として存在することを十分に理解しているか否かによって、援助の内容はおおいに変わってくるといえよ

表Ⅰ-1-1　保育士による「子ども家庭支援」活動において担うべき主なソーシャルワークの機能

	仲介機能	調停機能	代弁機能	連携機能	処遇機能	治療機能	教育機能	保護機能	組織機能
	社会資源との仲介を行う	子どもや家庭と地域社会の間の対立・意見の食い違いの調停を行う	権利擁護を行い、ニーズ表明や意見を言えない子どもや家庭の代弁者となる	公民のサービスや社会資源のあいだを結びつけるはたらき	施設内において子どもや保護者に対する直接援助	子どもや保護者の治療を行う（療育的関わりを含む）	子どもや保護者に対して教育的な指導を行う	特別なケアを要する子どもや家庭に対する保護的な立場を担う	公民の組織的な活動や団体を動かすはたらき
児童相談所(一時保護所)	●	●	●		●	●	●	●	
市町村　福祉事務所	●	●	●	●					●
児童家庭支援センター	●	●	●				●	●	
地域の親子ひろば等			●		●				
児童館			●						●
保育所・こども園・幼稚園			●				●	●	
児童発達支援センター			●		●	●	●	●	
障がい児入所施設			●	●	●	●	●	●	
母子生活支援センター		●	●	●	●			●	
乳児院	●		●	●	●			●	
児童養護施設	●		●	●	●		●	●	●
児童心理治療施設			●			●	●	●	
児童自立支援施設			●			●	●	●	

※●印は主な業務として行うものに限定した。

出典：日本社会福祉実践理論学会ソーシャルワーク研究会「ソーシャルワークのあり方に関する調査研究報告書」の分類を参考に山本作成

う。

　仲介や調停等のソーシャルワーク機能についての理解を深める必要に加えて、特に相談援助を行う際に、保育士としての専門性が発揮されることが期待されている。保育の実践をとおして把握した子どもや保護者、家庭のニーズは、さまざまな形で発信されるからである。カウンセリングのように、相談者が面とむかって相談の意向を示すことがなくても、子どもの成長発達の過程で気になっていることや困っていることを日常的な生活行為や会話のなかで感じさせてくることが多い。まずは援助を求めてきた最初の人物の話をよく聞き、受け止めることが必要である。

　しかし、子ども家庭支援は、あくまでも「子ども」を育てる家庭の支援であり、子どもの成長発達に資する結果を得られるようでなければならない。つまり、子どもの利益を忘れてはならないということである。相談の当事者が子ども自身の場合もあろうが、多くの場合は保護者や周辺の者であろう。保護者からの相談の場合は、抱えている問題をストレートに出すこともあるが、きょうだいや友人関係で感じていることや悩みをとおして、当事者の子どもの問題に気づかされることもある。また、実際は子どもの問題よりも、夫婦関係や職場のことなど保護者自身のできごとが子育ての悩みに関する相談となることもあるだろう。

　言い換えると、相談者である保護者は、自分の問題を解決するために、子どもの隠れたニーズには気がつかずにいることもあるということである。この場合、安易に保護者の負担を軽くするために表面的な理解を示すだけで終わってしまうと、裏に隠れた真のニーズが見えなくなってしまうこともある。家庭の問題や支援を求めてきた人物の意思や状況を適確に理解し、専門職として支援することによってもたらされる結果を想定しながら関わっていく能力が求められるだろう。

　加えて、この保育士の子ども家庭支援は地域における役割分担、責任分担を理解し、実践することへとつながっていく。

　保育士が行う子ども家庭支援は、市町村による子育て相談や保育所や保健所、地域子育て支援センターをはじめとする機関で実践されることが多い。相談の内容は、乳幼児のしつけや教育、子育て等日常の生活に密着したもの、保育所情報や役所情

報などを求める相談が多く、1～2回程度で終結するものが多い。継続的に支援を必要とする場合は、専門の関連機関を紹介することになる。

これを行うには、保育士が援助者として、任されている（求められている）支援の範囲を的確に把握していることが基本となる。個人的な感情においては、どこまでも援助していきたいと感じる子どもや家庭であっても、保育士が担う子ども家庭支援の援助の範囲を見極め、それ以上のものについては、相談者に不安を抱かせないようにていねいに申し送りをするなどの手続きを行う必要がある。

日常的にその他の専門機関につなぐことができる力量をもつことによって、保育士が子ども家庭支援で機能するといえるだろう。これは、「縦割り」や「縄張り意識」的なすみ分けではなく、利用者ファーストのための調整である。互いの専門性に敬意と理解を示しながら円滑につなぐためには、児童相談所、保健所、福祉事務所などの地域社会資源との定期的な連絡や、関係づくりなどの日常的な情報共有や協力体制の構築が求められている。

学習のふりかえり

1 子どもが育つ社会環境を整える条件や必要となる事項を把握したうえで、家庭の状況を判断することが求められている。幅広い、横断的な視野をもつことが必要である。

2 家庭を支援するのは、子どもの育ちを保障するためである。家庭の形や家庭の都合ではなく、子どもの最善の利益を確保する関わりであることを忘れてはならない。

参考文献：
1. J.ボウルビィ、黒田実郎訳『乳幼児の精神衛生』岩崎学術出版社、1967年　（第一部「母性的養育の喪失による結果」、第二部「母性的養育の喪失の防止」）
2. 日本社会福祉実践理論学会『社会福祉実践理論研究』第7号、1998年

I 家庭支援

第2章

保育士による子ども家庭支援の意義と基本

学習のポイント

　本章では、家庭支援の意義や方法、保育士に求められる基本的態度等について学んでいく。

　まず、第1節では、保育所等の特性や保育の専門性を生かした家庭支援の意義とその内容について学んでいく。そのうえで、日常の保育と一体的に展開される家庭支援の具体的方法として、第2節では子どもの育ちの喜びの共有、第3節では、保護者および地域が有する子育てを自ら実践する力の支持に関する実践について取り上げる。

　次に、第4節では、家庭支援に求められる基本的態度として、①受容的関わり、②自己決定の尊重、③秘密保持を取り上げ、その具体的内容を学んでいく。最後に、第5節として、個々の家庭の状況に応じた支援の必要性と、その方法について学んでいく。

第1節 保育の専門性を生かした子ども家庭支援とその意義

1 保育所・認定こども園の特性を生かした家庭支援

　子育て支援は、教育・福祉・母子保健等、幅広い分野においてさまざまに展開されている。そうしたなかにあって、保育所や認定こども園（以下、保育所等）が家庭支援を行う意義は、どのような点にあるのだろうか。保育所等以外の児童福祉施設においても、保育を基盤とした家庭支援が行われるが、ここでは、保育所保育指針（以下、保育指針）や幼保連携型認定こども園教育・保育要領（以下、教育・保育要領）を手がかりに、保育の専門性を生かした子ども家庭支援について述べていく。

　保育所等には次のような特性があり、これらを家庭支援にも活用することが可能である。

子育て支援に活用できる保育所等の特性
①日々の保育を通して、保護者との継続的・長期的な関わりがある
②さまざまな年齢の子ども集団が存在する
③子どもの発達に適した保育環境がある
④看護師や栄養士等の専門職が配置されている
⑤公的施設としてさまざまな社会資源との連携が可能である

　保育所等は地域の家庭支援を担う任意の利用施設や専門機関とは異なり、日々子どもが通い、継続的に利用する生活の場である。そこには、さまざまな年齢の子どもの存在があり、発達に即した環境構成のもとで、子育てのモデルとなる生活や遊びが展開されている。

また、保育所等には保育士、保育教諭、看護師、栄養士、調理師等の専門職が配置されている。これらの人的・物的環境を有効に活用することで、さまざまな家庭支援が可能となる。

　加えて、保育所等で展開される保育実践には、子どもの遊びだけでなく、食事、睡眠、排泄、衣服の着脱、清潔といった基本的生活習慣に関わる内容が含まれている。これらは、保護者にとって、子育ての直接的なモデルとなる。日々の送迎時には、保護者はこうした日々の保育のようすを見ることができ、実に多様な知識や情報を得ることができる。

　例えば、写真Ⅰ-2-1は、保護者が送迎時に利用する玄関である。季節の花や木の実の装飾は、親子で季節を味わうことのできる環境となっている。写真とともに誕生会のようすを伝える掲示物は、ここに参加した親子のコミュニケーションを促進する。一方、参加しなかった保護者にとっては、このような掲示物によって誕生会のようすがよくわかり、わが子の誕生会への参加に期待がもてる環境である。

　このように、保育所等においては、日々の保育やその環境を活用することで、さまざまな家庭支援を展開することができる。

2　保育の専門性を生かした家庭支援

　保育所等における家庭支援においては、保育士がもつ保育の専門性を活用することが求められている。このことは、保育指針や教育・保育要領において、次のように示されている。

写真Ⅰ-2-1　玄関の環境構成（ながかみこども園）

保育所保育指針　第4章　子育て支援

1　保育所における子育て支援に関する基本的事項

(1) 保育所の特性を生かした子育て支援

イ　保育及び子育てに関する知識や技術など、保育士等の専門性や、子どもが常に存在する環境など、保育所の特性を生かし、保護者が子どもの成長に気付き子育ての喜びを感じられるように努めること。

幼保連携型認定こども園教育・保育要領

第4章　子育ての支援

第1　子育ての支援全般に関わる事項

2　教育及び保育並びに子育ての支援に関する知識や技術など、保育教諭等の専門性や、園児が常に存在する環境など、幼保連携型認定こども園の特性を生かし、保護者が子どもの成長に気付き子育ての喜びを感じられるように努めること。

　それでは、保育士の専門性とは、どのようなものが考えられるだろうか。保育所保育指針解説（以下、保育指針解説）には、保育士の専門性として、表Ⅰ-2-1 の6つがあげられている。

表Ⅰ-2-1　保育士の専門性

①発達援助の知識・技術	これからの社会に求められる資質をふまえながら、乳幼児期の子どもの発達に関する専門的知識を基に子どもの育ちを見通し、一人ひとりの子どもの発達を援助する知識および技術
②生活援助の知識・技術	子どもの発達過程や意欲をふまえ、子ども自らが生活していく力を細やかに助ける生活援助の知識および技術
③環境構成の知識・技術	保育所内外の空間やさまざまな設備、遊具、素材等の物的環境、自然環境や人的環境を生かし、保育の環境を構成していく知識および技術
④遊びを豊かに展開する知識・技術	子どもの経験や興味や関心に応じて、さまざまな遊びを豊かに展開していくための知識および技術
⑤関係構築の知識・技術	子ども同士の関わりや子どもと保護者の関わり等を見守り、その気持ちに寄り添いながら適宜必要な援助をしていく関係構築の知識および技術
⑥保護者に対する相談・助言の知識・技術	保護者等への相談、助言に関する知識および技術

出典：厚生労働省『保育所保育指針解説（平成30年）』、フレーベル館、17頁より亀﨑作成

⑥は保護者に対する支援に関する専門性であるが、これを除く5つは、いずれも、子どもの保育において保育士が日常的に使用している知識や技術である。家庭支援においては、保育士が本来有しているこれらの専門性を、さまざまに活用することができる。

　21頁の写真Ⅰ-2-1においても、保育教諭の保育のねらいや子どもの育ちの方向性をふまえて、意図的な環境構成がなされている。つまり、ここでは「③環境構成の知識・技術」が活用されている。小さな子どもでも1人で出し入れができる高さのシューズボックスが設置されており、その反対側に、保護者向けのお知らせボードが配置されている。このように、子どもの発達に即した用品の選択、動線の考慮がなされており、環境構成の基盤として「①発達援助の知識・技術」が活用されていることがわかる。

　また、写真Ⅰ-2-2は、幼児クラスの子どもたちが行っている「海賊ごっこ」の遊びの場である。保護者は、このような遊びの環境を目にすることで、子どもの興味・関心の所在や活動内容を理解することができる。

　この遊びの場には、段ボールといすでつくられた海賊船、染め物を使った海賊旗や洋服などがある。ここでは、洋服を展示するためのハンガーや旗を立てるための枝、船を補強するためのラップの芯や牛乳パック等が使用されている。これらは、保育士の意図的な環境構成によって、子どもが遊びの展開に応じて活用できるようになっている。さらに、この遊びの場は保育

写真Ⅰ-2-2　遊びの場の保存（陽だまりの丘保育園）

室の周縁部に設定されており、食事や午睡の場面でも、場を片付ける必要がなく、遊びの継続性が保障されている。

このように、この海賊ごっこの遊びにおいては、保育士の「④遊びを豊かに展開する知識・技術」、遊びの継続性を保障するための「③環境構成の知識・技術」が活用されているといえる。

以上のように、日々保育が展開されている保育所等においては、保育士がその専門性を活用して、保育と一体的に保護者に対する支援を展開することが可能である。特に、環境を通した間接的な支援は、保護者に直接的に関わることができない場合にも、保護者にさまざまな情報、価値、文化を伝えることができる。そのため、保護者との関係構築が困難な場合、コミュニケーションに負担感を感じている保護者との関わりにおいては、より意識的に活用していくことが必要である。

子どもの育ちの喜びの共有

1　子どもの育ちの共有と保護者との協働

保育指針第4章では、子どもの育ちを支えるためには、子どもの養育において第一義的責任をもつ保護者との連携・協働が欠かせないことが示されている。保護者との協働においては、園と家庭が共に子どもの育ちの姿やその方向性を共有することが重要である。また、保育指針や教育・保育要領においては、保護者が子どもの成長に気づき、子どもの育ちの喜びを感じられるよう支援することが求められている。

保護者に子どもの育ちを伝え、子育ての喜びが実感できるようにするために、どのような支援が求められるだろうか。以下、保育所等の特性や保育の専門性を生かした具体的な支援の方法について考えてみたい。

2　子ども理解の視点を伝える

　1点目は、保護者がわが子に対する理解を深められるよう、子ども理解の視点を伝えることがあげられる。保育指針解説には、「保育士等が、子どもを深く理解する視点を伝えたり、その実践を示したりすること」の重要性が示されている。

　人見知りや自己主張など、保育士にとっては子どもの「育ち」としてとらえられる姿も、保護者にとっては「困った姿」「心配な姿」と感じられることも少なくない。このような一見否定的に見える子どもの姿にも、発達的意義があることを伝えることで、保護者の子ども理解が深まり、子どもへの関わりの質の向上につながっていく。また、こうした子どもへの肯定的なまなざしは、保護者の保育士に対する信頼感にもつながるものである。

　写真Ⅰ-2-3は、2歳児クラスの子どもたちが、自分で靴を履くようすを保護者に伝えるための壁新聞である。靴を履くためには、テープをはがし、それを戻らないように押さえながらつま先を靴の中に入れることや、左右の違いを識別する力が必要となる。これらは2歳児にとって必ずしも容易ではなく、時間がかかったり、うまくいかずにいら立ちを示したりすることもある。そのために、家庭では保護者が子どもに靴を履かせてしまうことも少なくない。

　この写真では、一人ひとりの子どもが、自分の力で靴を履こうとする姿が紹介されている。また、「自分で靴を履くよ」と題した保育士のコメントでは、子どもが自分で靴を履こうとし

写真Ⅰ-2-3　2歳児の壁新聞（陽だまりの丘保育園）

たり、靴が履けたことを得意気に保育士に伝えたりしている姿が記述されている。さらに、「"自分でやりたい"という思いを大切にし、自分で履ける喜びを感じられるよう、履き方をていねいに伝えていきたいと思います」との記述からは、保育士の援助の意図が伝わってくる。

このように、2歳児が自分で靴を履けるようになるプロセスを日ごろから伝えることで、保護者は、「靴を履く」という日々の何げない行為のなかにある子どもの育ちに気づくことができる。また、子どもが自分で靴を履こうと意欲的に取り組んでいるとき、保護者がその意欲を尊重したり、靴を履けたときのうれしさを受け止めたりする力へとつながっていく。

このように、保育士が子どもを深く理解する視点を提供することで、保護者が子どもの育ちに気づいたり、その喜びを実感したりすることができる。

3 その子の「よさ」や「強み」を共有する

保護者は、子どもの「できる」「できない」といった目に見える発達に関心がむきやすい。そのため、他児との比較から、わが子の「よさ」や「強み」に気づくことができなかったり、育ちに不安を感じたりすることもある。

一方、保育士は日々の保育において、一人ひとりの深い子ども理解に基づき、その子のよさや得意なことを把握している。そうした視点を保護者にていねいに伝えることは、保護者の子どもの育ちに対する気づきや、子育ての喜びの実感へとつながっていく。

写真I-2-4は、「ものがたり」と呼ばれる子どもの学びをとらえる個別の記録であり、ニュージーランドの**ラーニングストーリー**を参考に作成されたものである。この園では、このような一人ひとりの「ものがたり」を定期的に作成し、家庭と共有している。

この「ものがたり」には、園庭の固定遊具に挑戦している女児が、困難を乗り越えて最上部まで登りきり、すべり台を滑り降りることができたというエピソードが描かれている。ここには、保育者からのメッセージとともに、このエピソードに関する子ども自身の思いが記されている。さらに、これを家庭と共

ラーニングストーリー
ニュージーランドにおいて、子どもの有能さに焦点を当てた保育評価の方法として用いられている記録である。子どもの「学び」を、子どもの目線に立って物語のようにつづり、子どもに関わる関係者と共に、子どもの育ちを共有するツールとしても用いられる。

有し、保護者からのメッセージが加えられている。

　このようなエピソードを、保育者のメッセージや子ども自身の思いとともに保護者に伝えることは、子どもの育ちへの気づきや、子育ての喜びの実感へとつながっていく。さらに、これを家庭に持ち帰り保護者にもメッセージを記入してもらうことで、エピソードをめぐって子どもとの対話が生まれ、親子間のコミュニケーションが促進される。

　このように、保護者からは見えにくい一人ひとりの固有の育ちをエピソードとともに伝えることは、保護者の子ども理解を深めるとともに、子育ての喜びの実感にもつながっていく。こうしたことは、日々の連絡帳のやりとりや送迎時の対話においても可能である。

　その際には、園での子どもの姿を伝えるだけでなく、保護者からも家庭での子どもの姿について情報を得ながら、子どもに対する相互理解を深めていくことも大切である。

　園と家庭では、さまざまな環境の違いから、子どもの姿にも違いがあることが少なくない。そのため、園と家庭でともに子

写真Ⅰ-2-4　子どもの育ちを伝える「ものがたり」
（龍雲寺学園バウデア学舎）

どもの「よさ」や「強み」を共有することで、保育士の子ども理解を深めることができる。つまり、保護者との協働は保育の質の向上のためにも欠かすことのできないものである。

第3節 保護者および地域が有する子育てを自ら実践する力の支持

1 「子育てを自ら実践する力」の向上とは

　保育指針や教育・保育要領の第4章では、保護者や地域が「子育てを自ら実践する力」の向上にむけて、子育て支援を行うことが求められている。

保育所保育指針　第4章　子育て支援
　保育所における保護者に対する子育て支援は、全ての子どもの健やかな育ちを実現することができるよう、第1章及び第2章等の関連する事項を踏まえ、子どもの育ちを家庭と連携して支援していくとともに、保護者及び地域が有する子育てを自ら実践する力の向上に資するよう、次の事項に留意するものとする。

幼保連携型認定こども園教育・保育要領
第4章　子育ての支援
　幼保連携型認定こども園における保護者に対する子育ての支援は、子どもの利益を最優先して行うものとし、第1章及び第2章等の関連する事項を踏まえ、子どもの育ちを家庭と連携して支援していくとともに、保護者及び地域が有する子育てを自ら実践する力の向上に資するよう、次の事項に留意するものとする。

　保護者の「子育てを自ら実践する力」とは、例えば、適切に

食事を与える、清潔さを保つ、発達に適した生活環境を整える、適切な生活リズムを形成する、子どもの視点から物事を考える、子どもの心身を傷つけない方法で言い聞かせるといった内容が考えられる。しかし、こうした子育てを自ら実践する力の向上を助ける支援とは、保育士が一定の水準を定め、すべての保護者をそこに押し上げていくための指導を行うことではない。

　保護者の就労状況や生活環境、家族構成、家族関係、価値観等は、一人ひとり異なっている。したがって、保護者のもつ養育力も、その時々に子どものためにできることも、一人ひとり異なっている。そのため、それぞれの保護者が自らの養育力を発揮したり、それをさらに高めたりすることができるよう、支えていくことが大切である。

　その際、保育指針解説に示されるように、「子どもの最善の利益を念頭に置きながら」展開することを忘れてはならない。一人ひとりの保護者が置かれた状況をふまえながらも、保護者が子どもの最善の利益に関心を払い、子どもにとってよい判断や選択ができるよう、支えることが大切である。

2　乳幼児期にふさわしい生活モデルを提示する

　保護者の子育てを自ら実践する力の向上を助けるための支援の方法として、まず、乳幼児期にふさわしい生活モデルの提示があげられる。

　写真Ⅰ-2-5は、保育所のテラスで子どもたちが自分で手足を洗い、靴を脱いで園内に入っていく場面である。この手順は園内のすべての年齢の子どもたちに共通しており、1歳児も自分で手足を洗い、靴を脱いで十数メートル先の玄関（写真Ⅰ

写真Ⅰ-2-5　自立を促す生活のモデル（ながかみこども園）

-2-1)まで運び、片付けてから自ら保育室へと入っていく。

　子どもが理解しやすく、使いやすい環境を構成することで、子どもは自分でできることが増え、保育教諭の援助を必要とする場面は最小限に抑えられる。このような自立を促す生活モデルから、保護者の環境工夫によって、小さな子どもでも自分でできるようになると学ぶことができる。また、園で使用している教材や生活用品も、子育てのモデルとして保護者が取り入れることが可能である。

　このように、子どもが生活の大半を過ごす場として、保育所等では乳幼児期にふさわしい生活のモデルをさまざまに示すことができる。

3　子育てに活用しやすい情報を伝える

　保護者の子育てを自ら実践する力の向上には、家庭で活用しやすい情報を伝えることも大切である。その際、園と家庭との生活の連続性をふまえ、子どもが日ごろの園生活で行っている活動や、活用している施設等に関する情報を提供することが有効である。

　写真Ⅰ-2-6は、玄関に掲示されている「お散歩マップ」である。地図上には、子どもたちがよく利用している公園やお店が記載され、よく利用する年齢、子どもたちの過ごし方、よく使っている遊具等に関する解説が加えられている。

　ここに紹介されているのは、子どもにとってなじみがあり、

写真Ⅰ-2-6　お散歩マップ（陽だまりの丘保育園）

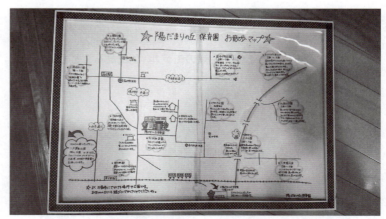

利用の仕方をよく知っている場所である。そのため、はじめて行く場所に比べて外出の負担が少なく、親子で気軽に出かけやすい。このような情報は、保護者にとって休日の過ごし方の参考となり、すぐに活用しやすいものである。

写真Ⅰ-2-7 は子育て支援センターの入口の環境構成である。ここでは、絵本やわらべうたが紹介されており、わらべうたの小さなカードは、保護者が自由に持ち帰れるようになっている。このような情報提供は、在宅で子育てをしている保護者にとって、文化財を選択する際の手がかりとなる。これらは、保育士が保育の専門性に基づき、子どもに伝えたい文化として選択した文化財である。このような情報は、家庭で提供される文化財の質の向上へとつながっていく。

また、わらべうたは家庭では楽しむことの少ない遊びであるが、心地よい歌とリズムに合わせて親子でふれあう機会は、親子関係の安定化へとつながっていく。

これまでに紹介した実践例は、いずれも保護者が手軽に活用可能な情報が選択され、提供されている。このように、保育士が発信する情報は、保護者が負担を感じることなく、子育てに取り入れやすいものであることが重要である。

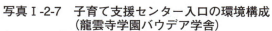
4　地域とつながる

保育指針解説においては、「子どもや保護者と地域の関係を

写真Ⅰ-2-7　子育て支援センター入口の環境構成
　　　　　　（龍雲寺学園バウデア学舎）

把握し、それらの関係性を高めることが保護者の子育てや子どもの成長を支える大きな力になる」ことが示されている。子どもや保護者が暮らす地域において、子どもの育ちや子育てを支える力を醸成していくことも大切である。

そのためには、日々の保育をとおして日ごろから地域との交流を図っていくことが必要である。日常の保育における交流の例として、散歩の際に近隣住民にあいさつをしたり、子どもたちと地域の商店に買い物に出かけたりすることが考えられる。また、行事を活用して地域の方を招いたり、地域の高齢者施設等に出かけたりすることもできる。あるいは、地域の方を行事に招待する、伝承遊び等の指導を依頼する、ボランティアとして保育に参加してもらう等の方法も考えられる。

このような地域との交流は、地域のなかで子どもを見守り、子育てを支えてくれるネットワークの構築につながっていく。

第4節 保育士に求められる基本的態度

1 受容的関わり

家庭支援において、保育士に求められる基本的態度として、まず、一人ひとりの保護者を尊重し受け止める受容的関わりがあげられる。このことは、保育指針や教育・保育要領においても、次のように示されている。

保育所保育指針　第4章　子育て支援
1　保育所における子育て支援に関する基本的事項
(1) 保育所の特性を生かした子育て支援
ア　保護者に対する子育て支援を行う際には、各地域や家庭の実態等を踏まえるとともに、保護者の気持ちを受け止め、相互の信頼関係を基本に、保護者の自己決定を尊重すること。

> 幼保連携型認定こども園教育・保育要領
> 第4章　子育ての支援
> 第1　子育ての支援全般に関わる事項
> 1　保護者に対する子育ての支援を行う際には、各地域や
> 　家庭の実態等を踏まえるとともに、保護者の気持ちを受
> 　け止め、相互の信頼関係を基本に、保護者の自己決定を
> 　尊重すること。

「受容」とは、不適切な態度や言動を肯定するものではなく、そのような姿も保護者の現在のありのままの姿として受け止め、関わることである。それは、どのような不適切な態度や要求も受け入れることとは異なる点に、留意が必要である。

受容的な関わりは、保育士が日々の保育において、子どもとの関わりにも共通して重視される態度である。例えば、子どもの叩く、かみつく、引っかくといった不適切な行為も、その表面的な行為だけを見て対応するのではなく、なぜそのような行為に至ったのか、その背景にある子どもの思いを受け止めながら、関わっていく。

このように、「受容」とは家庭支援のためだけに特別に身に付けるものではなく、子どもの保育においても共通して重視される態度である。しかしながら、保護者に対する受容、とりわけ、不適切な言動や行為の受容は、必ずしも容易ではない。なぜなら、保育士は「子どもの最善の利益」の実現をめざす専門職であり、保護者の養育姿勢がこれに反する場合には、保護者に対する抵抗感や否定的感情が生じやすいからである。

また、保育士も一人の人間であり、それぞれに独自の価値観をもっている。そのため、保護者の姿が自身の価値観に合致しない場合にも、ありのままの姿を受け止めることは容易ではない。したがって、保護者への受容的関わりには、自分自身がもっている価値観や偏見、反応の仕方等をよく理解しておくことが大切である。

私たちは、無意識のうちに、さまざまな偏見や差別をそれと気づかずに取り込んでいることがある。そうした意識は、知らず知らずのうちに保護者に圧力をかけたり、傷つけたりしてし

まうことがあるため、注意が必要である。

例えば、母親の"リフレッシュ"を目的とした一時保育の利用は、しばしば批判の的となる。こうした批判の背後には、「母親ならば～すべき」という**母親規範意識**と呼ばれる考え方がある。父親も母親も同じようにフルタイムで働いていても、子育ての責任は母親にあるという考え方や、「母親ならば、自分のことよりも子どものことを優先すべき」といった意識は、子育て支援を職務とする保育士にも認められている。

保護者のありのままの姿を受け止めるためには、このような自分自身の個人的な価値観に気づき、差別や偏見に基づく対応を行わないよう留意する必要がある。

> **母親規範意識**
> 母親規範意識とは、子どもにとって母親が子育てをすることが最もよいことであり、母親ならば自分のことを犠牲にしてでも、子どもを優先すべきという考え。母親の自己犠牲や自己献身が愛情の証であるとする伝統的な母性観に立脚している。

2 自己決定の尊重

次に、自己決定の尊重があげられる。これは、保護者が自分で判断し決定する権利を尊重する態度であり、保護者に自己判断を迫ったり、子育ての責任を押し付けたりすることではない。人は自分で選択、決定ができるときにのみ、社会的に責任をもつとともに、パーソナリティーが発達すると指摘されている。保育士には、保護者が子育ての主体として、養育力を向上させていくために、保護者が自ら考え自己決定ができるよう支えていくことが求められる。

このような姿勢は受容と同様に、子どもの保育においても重視されるものである。子どもの主体性・自発性を尊重しようとするとき、そこでは子ども自身が自ら考え、判断することを保障する必要がある。そのためには、子ども自身がどのようにしたいのか、何に困っているのか、何をしてほしいのか等、子どもの思いや願いをていねいに確かめながら、子ども自身の選択や判断を支えていくことが重要となる。

保護者に対する支援においても、保護者が子育ての課題について自分なりに考えたり、判断したり、試してみたりするプロセスを保障し、自ら課題を解決できるよう支えていくことが大切である。そのプロセスは、保育に関する知識・技術を有する保育士にとっては、遠回りであるように感じられることもある。しかし、たとえ遠回りであっても、保護者自身がわが子に適した子育ての方法を自分なりに考え、主体的に子育てに取り組む

経験は、保護者の自ら子育てを実践する力の向上へとつながっていく。子育ての課題は、子どもの発達とともにさまざまに変化していく。その時々に保護者が自分なりに考え、課題を解決することのできるよう支えることも大切である。

このように、保護者の自己決定を支えるために、保育士には保護者とともに問題を整理したり、情報を提供したり、保護者の選択や判断を支持することが求められる。

3 秘密保持

保育士には、児童福祉法第18条の22において、秘密保持義務が規定されている。これに違反した場合には、同法第61条の2において、1年以下の懲役または50万円以下の罰金が課せられている。

児童福祉法
第18条の22
　保育士は、正当な理由がなく、その業務に関して知り得た人の秘密を漏らしてはならない。保育士でなくなつた後においても、同様とする。

第61条の2
　第18条の22の規定に違反した者は、1年以下の懲役又は50万円以下の罰金に処する。

保育指針や教育・保育要領においても、プライバシーの保護や秘密保持が義務付けられている。保育士がこれらの情報を口外しないことに加えて、情報の管理にも留意する必要がある。

例えば、多くの園ではホームページを作成し、情報公開や情報発信を行っているが、子どもやその家族の写真はもちろんのこと、個人が特定される可能性のある個人情報が流出することのないよう、留意が必要である。

近年では子どもの写真が多く掲載されたドキュメンテーションや壁新聞、連絡ボード等を掲示している園も多い。このよう

な写真を保護者が携帯電話で撮影することも少なくないが、そこには、その保護者の子どもだけでなく、さまざまな在園児が含まれている。写真は子どもの生活する姿や、育ちを伝えるための重要なツールであるが、その取り扱いについては、保護者と事前にルールを確認しておくことが必要である。

　秘密保持は、児童福祉施設の設備及び運営に関する基準第14条の2において、保育士以外の職員にも義務付けられている。ただし、子どもの虐待が疑われる場合には、児童福祉法第25条や児童虐待の防止等に関する法律（児童虐待防止法）第6条に従って、秘密保持義務よりも通告義務を優先しなければならない。

児童福祉法
第25条
　要保護児童を発見した者は、これを市町村、都道府県の設置する福祉事務所若しくは児童相談所又は児童委員を介して市町村、都道府県の設置する福祉事務所若しくは児童相談所に通告しなければならない。

児童虐待の防止等に関する法律
第6条
　児童虐待を受けたと思われる児童を発見した者は、速やかに、これを市町村、都道府県の設置する福祉事務所若しくは児童相談所又は児童委員を介して市町村、都道府県の設置する福祉事務所若しくは児童相談所に通告しなければならない。

　この場合には、児童福祉法第18条の22の「正当な理由」に該当し、秘密保持義務違反には該当しない。保育指針や教育・保育要領においても、秘密保持義務は「子どもの利益に反しない限りにおいて」とされているのも、同様の理由である。

第5節

家庭の状況に応じた支援

1 就労と子育ての両立のための多様な保育ニーズへの対応

　保育所等を利用する保護者の就労状況は、それぞれに異なっている。そのため、保育指針や教育・保育要領に示されるように、就労と子育てが両立できるよう、保護者の就労状況に応じた家庭支援が求められる。

保育所保育指針　第4章　子育て支援
2　保育所を利用している保護者に対する子育て支援
(2) 保護者の状況に配慮した個別の支援
ア　保護者の就労と子育ての両立等を支援するため、保護者の多様化した保育の需要に応じ、病児保育事業など多様な事業を実施する場合には、保護者の状況に配慮するとともに、子どもの福祉が尊重されるよう努め、子どもの生活の連続性を考慮すること。

幼保連携型認定こども園教育・保育要領
第4章　子育ての支援
第2　幼保連携型認定こども園の園児の保護者に対する子育ての支援
4　保護者の就労と子育ての両立等を支援するため、保護者の多様化した教育及び保育の需要に応じて病児保育事業など多様な事業を実施する場合には、保護者の状況に配慮するとともに、園児の福祉が尊重されるよう努め、園児の生活の連続性を考慮すること。

　このような保護者のニーズへの対応においては、上記に示さ

れるように、子どもの福祉を尊重する必要がある。特に、長時間保育や病児保育等においては、子どもの健康状態や個々の生活リズム、情緒の安定に配慮することが大切である。これらの保育では、子どもにとって通常とは異なる環境となることから、子どもが安定して過ごすことができるような工夫が必要である。また、病児保育においては、子どもの体調の急変時の対応を保護者とよく確認しておく、適切な医療機関を受診するよう助言するなどの対応が求められる。

2 障害や発達上の課題のある子どもの保護者に対する支援

　障害や発達上の課題がみられる子どもの保育においては、保護者に対する個別の支援に加えて、関係機関との連携が不可欠であり、保育指針や教育・保育要領においても、次のように示されている。

保育所保育指針　第4章　子育て支援
2　保育所を利用している保護者に対する子育て支援
(2) 保護者の状況に配慮した個別の支援
イ　子どもに障害や発達上の課題が見られる場合には、市町村や関係機関と連携及び協力を図りつつ、保護者に対する個別の支援を行うよう努めること。

幼保連携型認定こども園教育・保育要領
第4章　子育ての支援
第2　幼保連携型認定こども園の園児の保護者に対する子育ての支援
6　園児に障害や発達上の課題が見られる場合には、市町村や関係機関と連携及び協力を図りつつ、保談者に対する個別の支援を行うよう努めること。

　子どもの障害に対する保護者の受け止め方は、多様である。特に、保育所等では日々の保育のなかで、保護者よりも先に保

育士が子どもの障害や発達上の課題に気づくことが多い。しかし、これを保護者と共有することは必ずしも容易ではない。

このような場合には、まずは、保護者自身が子どもをどのように理解しているのかを把握していくことが大切である。あわせて、保育所等における子どもの姿を伝えたり、保育参加や保育参観をとおして実際に見てもらったりしながら、ていねいに共通理解を図っていく必要がある。その際、保護者に無理に障害を認めさせようとすると、保護者がそれを受け入れられず、子どもを必要な支援から遠ざけてしまうこともあるため、注意が必要である。

障害がすでに明らかになっている場合にも、保護者はさまざまな場面で他児との違いを感じ、複雑な思いを抱く。あるいは、他児と同じことができるようにと、子どもに能力以上のことを要求したり、厳しい態度をとったりすることもある。保育士には、こうした保護者の複雑な心情を受け止め、支えていく姿勢が求められる。また、日常の子どもの肯定的な姿や変化をしっかりととらえ、子どもの育ちをていねいに伝えることも大切である。

子どもの保育においては、児童発達支援を行う医療機関や児童発達支援センター等の関係機関との連携を行うとともに、家庭との連携・協働が重要である。

3 特別な配慮を必要とする家庭に対する支援

外国籍家庭や外国にルーツをもつ家庭、ひとり親家庭、貧困家庭、**ステップファミリー**等、特別な配慮を必要とする家庭には、各家庭の状況をていねいに把握しつつ、必要な支援を行うことが求められる。保育指針や教育・保育要領においては、この点について次のように示されている。

> 保育所保育指針 第4章 子育て支援
> 2 保育所を利用している保護者に対する子育て支援
> (2) 保護者の状況に配慮した個別の支援
> ウ 外国籍家庭など、特別な配慮を必要とする家庭の場合には、状況等に応じて個別の支援を行うよう努めること。

ステップファミリー
ステップファミリー(stepfamily)とは、血縁関係のない親子関係、つまり継親子関係を含む家族のことである。母親あるいは父親に、以前の配偶者とのあいだにできた子どもがいる場合や、母親・父親の両方に連れ子がいる場合などがある。

> 幼保連携型認定こども園教育・保育要領
> 第4章　子育ての支援
> 第2　幼保連携型認定こども園の園児の保護者に対する子育ての支援
> 　7　外国籍家庭など、特別な配慮を必要とする家庭の場合には、状況等に応じて個別の支援を行うよう努めること。

　外国籍家庭では、日本語でのコミュニケーションや読み書きに困難が生じやすい。また、文化や風習の違いから、日本でごく当たり前に行われていることも、外国籍家庭にとっては問題となることもある。そのため、保育においては各家庭の実情や、保護者の意向をふまえることが大切である。また、日々の伝達においては、写真等を用いて視覚的に子どもの姿を伝えたり、実物を示したりする等、それぞれの保護者が理解できるような工夫が求められる。

　さらに、ひとり親家庭、貧困家庭、多胎児や低出生体重児、慢性疾患等のある子どもを育てる家庭では、保護者が子育てに困難や負担感を抱えやすい。保護者が問題を抱え込む場合もあることから、保育士には、日々の保護者や子どもとの関わりをとおして、子育ての課題を把握することが求められる。

4　育児不安や不適切な養育等が見られる保護者に対する支援

　保護者に育児不安や不適切な養育が見られる場合には、保育士が子ども理解の視点を伝えたり、関わり方のモデルを示したりする等、保育の専門性を生かした子育て支援がよりいっそう求められる。その一方で、保育の専門性のみでは対応しきれない場合には、関係機関との連携が不可欠である。

> 保育所保育指針　第4章　子育て支援
> 　2　保育所を利用している保護者に対する子育て支援
> （3）不適切な養育等が疑われる家庭への支援
> 　ア　保護者に育児不安等が見られる場合には、保護者の希

望に応じて個別の支援を行うよう努めること。

イ　保護者に不適切な養育等が疑われる場合には、市町村や関係機関と連携し、要保護児童対策地域協議会で検討するなど適切な対応を図ること。また、虐待が疑われる場合には、速やかに市町村又は児童相談所に通告し、適切な対応を図ること。

幼保連携型認定こども園教育・保育要領
第4章　子育ての支援
第2　幼保連携型認定こども園の園児の保護者に対する子育ての支援

8　保護者に育児不安等が見られる場合には、保談者の希望に応じて個別の支援を行うよう努めること。

9　保護者に不適切な養育等が疑われる場合には、市町村や関係機関と連携し、要保護児童対策地域協議会で検討するなど適切な対応を図ること。また、虐待が疑われる場合には、速やかに市町村又は児童相談所に通告し、適切な対応を図ること。

　これらのうち、特に虐待が疑われる場合には、子どもの生命の保護の観点から、速やかに通告を行う必要がある。そのうえで、地域のネットワークの一員として、関係機関とともに子育て家庭を支援することが求められる。

学習のふりかえり

1 保育士による家庭支援においては、保育所等の特性や保育の専門性を活用することが重要である。

2 子どもの育ちの喜びの共有や、子育てを自ら実践する力の向上においては、日常の保育における子どもの育ちをていねいにとらえ、伝えることが大切である。

3 家庭支援においては、受容的関わり、自己決定の尊重、秘密保持等の基本的態度をふまえ、各家庭の状況に応じた支援が求められる。

参考文献：
1. 亀﨑美沙子『保育の専門性を生かした子育て支援―「子どもの最善の利益」をめざして―』わかば社、2018 年
2. 神田直子・戸田有一他「保育園ではぐくまれる共同的育児観―同じ園の保育者と父母の育児観の相関から―」『保育学研究』第 45 巻 2 号、日本保育学会、2007 年
3. F.P. バイステック／尾崎新・福田俊子・原田和幸訳『ケースワークの原則―援助関係を形成する技法―[新訳改訂版]』誠信書房、2006 年、166 頁
4. 橋本真紀「第 2 章 保育相談支援の基本」『保育相談支援』柏女霊峰・橋本真紀、ミネルヴァ書房、2011 年
5. 亀﨑美沙子「第 13 章 さまざまな家庭への支援」『家庭支援論』高辻千恵・山縣文治、ミネルヴァ書房、2016 年
6. 国立社会保障・人口問題研究所「第 5 回全国家庭動向調査 現代日本の家族変動（2013 国立社会保障・人口問題基本調査）」、調査研究報告資料第 33 号、2015 年
7. 内閣府「平成 22 年度少子化社会に関する国際意識調査報告書」、2011 年
8. 大宮勇雄『学びの物語の保育実践』ひとなる書房、2010 年
9. 野沢慎司・茨木尚子・早野俊明、SAJ 編『Q&A ステップファミリーの基礎知識―子連れ再婚家族と支援者のために』明石書店、2006 年

I 家庭支援

第 3 章

子育て家庭に対する支援の体制

学習のポイント

本章では、子育て家庭に対する支援の体制について、国の施策の流れや地域における基本的な社会資源について学ぶことでその全体像を把握することを目的としている。

具体的にはまず、保育士が子育て家庭に対する支援を行う際に、連携すべき機関や社会資源にはどのようなものがあるのかを学ぶ。それをふまえ、各々の地域における社会資源を知り、活用していくことをめざす。さらに、国の子育て支援施策や次世代育成支援施策の流れを学び、社会全体のなかで保育士の担う子育て支援の位置付けについて理解を深めていく。

第1節 子育て家庭の福祉を図るための社会資源

> **社会資源**
> 地域で活用できるサービスやそれを提供する機関・施設・人材をいう。それらには、フォーマルなものだけでなくインフォーマルなものも含まれる。

　子育ては、保護者やその家庭のみが抱えるものではなく、親族や知人、地域のサービスなどのさまざまな**社会資源**を活用しながら行っていくことで、子どもの健やかな育ちを支えることが可能となる。子育て家庭を支えるためには、地域にどのような社会資源が存在するのかを把握し、それらを活用していく必要がある。保育士は、自らも地域の社会資源の一員であることを認識し、他機関や他の専門職等との連携を図りながら協働する必要がある。また、地域に不足している社会資源を生み出していくことも意識しなければならない。

　なお、従来これら子育て家庭へのサービスの所管は厚生労働省であったが、令和5（2023）年4月より、こども家庭庁がそのほとんどを所管している。

1 行政機関等

(1) 児童相談所

　児童相談所は、児童福祉法に基づき都道府県（指定都市を含む）に設置が義務付けられた行政機関である。管轄地域における子どもやその家庭に関する相談に応じ、高い専門性に基づき個々の子どもや家庭に適した支援を行うことをとおして子どもの権利を擁護することを目的としている。

　児童虐待の増加など、子どもや家庭を取り巻く問題が複雑化・多様化するなか、児童相談所はその中核的専門機関として、他の関係機関と相互に連携・協働を図りながら地域における援助活動を展開している。

　児童相談所には、①市町村の児童家庭相談への対応についてのバックアップをする「市町村援助機能」、②家庭等の養育環境の調査や専門的診断をふまえた子どもや家庭に対する援助を行う「相談援助機能」（図Ⅰ-3-1参照）、③虐待などの不適切

図Ⅰ-3-1　児童相談所における相談援助活動の体系・展開

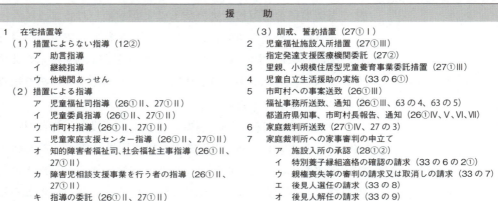

（数字は児童福祉法の該当条項等）
出典：こども家庭庁「児童相談所運営指針」より

な養育環境等から子どもを保護する「一時保護機能」、④児童福祉施設入所や里親委託、在宅指導等に関する「措置機能」、がある[注1]。また、近年では社会的養護のもとで生活する子どもたちができる限り家庭で養育されるよう、里親支援や養子縁組に関する相談支援も行われている。

　児童相談所が扱う相談内容は、①養護相談、②保健相談、③障害相談、④非行相談、⑤育成相談、など多岐にわたる。職員としては、児童福祉司、児童心理司、相談員、医師などと共に、保健師、弁護士などの配置も進められ、さまざまな領域の専門的な知識・技術によって、子どもやその家庭が抱える課題への相談対応を展開している。

　児童相談所は、全国に234か所（令和6〔2024〕年4月1日現在）設置されている。平成28（2016）年児童福祉法改正により中核市や特別区（東京23区）にも設置可能となり、さらなる設置自治体の拡大がめざされている。

注1　令和4（2022）年の児童福祉法改正により、一時保護決定時や措置等の決定の際には子ども自身の意見を聴取する意見聴取等措置が義務化された。

(2)　市町村における子ども家庭支援

　児童福祉法では、従来あらゆる子ども家庭相談は児童相談所が対応することとされてきた。しかし、児童相談所は、より緊急性や高度な専門性が求められることとなり、そもそも子どもと家庭にとって最も身近な基礎自治体である市町村が、その責任を負うことが望ましいと考えられるようになった。このような背景のもと、平成15(2003)年の児童福祉法改正により、子育て支援事業を市町村で実施することが求められるようになった。さらに、子ども家庭相談が市町村の業務として位置付けられ、都道府県(児童相談所)は、より専門的な知識や技術を要するケースへの対応にあたり、市町村の後方支援がいっそう重点化されることとなった。

　このような市町村、都道府県、さらに国の役割・責務をより明確にするため、平成28年成立の児童福祉法等の一部を改正する法律にて、子どもの福祉に関する支援に係る業務が市町村の責務であることが児童福祉法の総則に明記されることとなった。

児童福祉法
第３条の３
　市町村(特別区を含む。以下同じ。)は、児童が心身ともに健やかに育成されるよう、基礎的な地方自治体として、第10条第1項各号に掲げる業務の実施、障害児通所給付費の支給、第24条第1項の規定による保育の実施その他この法律に基づく児童の身近な場所における児童の福祉に関する支援に係る業務を適切に行わなければならない。
　②都道府県は、市町村の行うこの法律に基づく児童の福祉に関する業務が適正かつ円滑に行われるよう、市町村に対する必要な助言及び適切な援助を行うとともに、児童が心身ともに健やかに育成されるよう、専門的な知識及び技術並びに各市町村の区域を超えた広域的な対応が必要な業務として、第11条第1項各号に掲げる業務の実施、小児慢性特定疾病医療費の支給、障害児入所給付費の支給、第27条第1項第3号の規定による委託又は入所の措置その

> 他この法律に基づく児童の福祉に関する業務を適切に行わなければならない。
> 　③国は、市町村及び都道府県の行うこの法律に基づく児童の福祉に関する業務が適正かつ円滑に行われるよう、児童が適切に養育される体制の確保に関する施策、市町村及び都道府県に対する助言及び情報の提供その他の必要な各般の措置を講じなければならない。

　また、令和4年の児童福祉法改正により、従来は市区町村にて子ども家庭総合支援拠点（児童福祉）と子育て世代包括支援センター（母子保健）として展開されていた組織を見直し、令和6年度から新たにこども家庭センターを設置するよう努めることとされた（図Ⅰ-3-2）。こども家庭センターは、地域のさまざまな子育て支援機関と密接に連携し、妊産婦や子育て世帯、子どもなどから相談を受け、支援を必要とする子どもや妊産婦等へのサポートプランを作成するなどしてマネジメントを行うことが求められている。それらをとおして、地域の社会資源をさらに開拓するなど、魅力的な地域づくりを進めていくことも期待されている。

図Ⅰ-3-2　こども家庭センターの概要

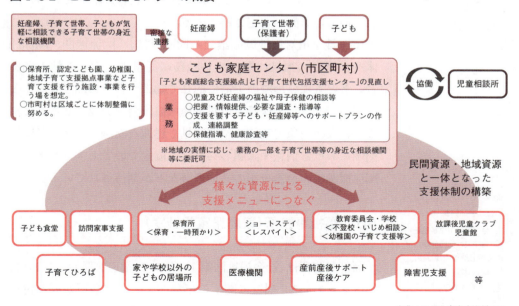

出典：こども家庭庁資料より

（3）　要保護児童対策地域協議会

　虐待など、支援を必要としている子どもを早期に発見し、適切に保護を図るためには、関係機関等の円滑な連携・協力が不可欠である。その際、どの機関が中核となって関係機関相互の連携を図っていけばよいのか、その役割分担など責任の所在を明確にするため、平成16(2004)年の児童福祉法改正により、要保護児童対策地域協議会が法的に位置付けられた。平成19(2007)年の児童福祉法改正では市町村等の地方公共団体に設置の努力義務が課せられ、令和2(2020)年度までには、全体の99.8％の市町村が設置している。その後、支援対象の拡大、専門職の配置努力義務、調整担当者の配置と研修受講の義務化など、機能強化が図られている。支援対象者は、要保護児童、要支援児童、特定妊婦とされ、それらを総称して「支援対象児童等」とされている。

　要保護児童対策地域協議会では、支援対象児童等に関する必要な情報交換を行うとともに、支援対象児童等に対する支援内容に関する協議を行う。その際、調整機関や要保護児童対策地域協議会の構成員には、**守秘義務**が課せられる。会議は、担当者レベルで個別のケースを扱う「個別ケース検討会議」、実務者レベルで定期的にすべてのケースの状況確認などを行う「実務者会議」、構成員の代表者による「代表者会議」といった三層構造での展開が想定されている。

　要保護児童対策地域協議会の構成員は、「関係機関、関係団体及び児童の福祉に関連する職務に従事する者その他の関係者」とともに、地域の実情に応じて幅広い者を参加させることも可能である。要保護児童対策地域協議会を機能させることにより、支援対象児童等の早期発見や迅速な支援の開始、各関係機関における情報や課題の共有化、協働でのアセスメント、各関係機関等の役割分担の共通理解などが期待されている。

守秘義務
児童福祉法第25条の5では、地域協議会の構成員等に対し、「正当な理由がなく、協議会の職務に関して知り得た秘密を漏らしてはならない」と定めている。

（4）　福祉事務所（家庭児童相談室）

　福祉事務所は、社会福祉法第14条にて、都道府県および市（特別区を含む）に「福祉に関する事務所」として設置が義務付けられている行政機関である。**社会福祉六法**に定められている援

社会福祉六法
生活保護法、児童福祉法、母子及び父子並びに寡婦福祉法、老人福祉法、身体障害者福祉法及び知的障害者福祉法の6法律をいう。

護、育成または更生の措置に関する事務に対応し、社会福祉全般に関する窓口となっている。町村は任意の設置である。都道府県の福祉事務所は、児童虐待や要保護児童に係る通告の受理機関となっている。

福祉事務所には家庭児童相談室が設置されており、地域に密着した相談・援助機関として家庭相談員等が相談援助に応じている。

(5) 保健所・市町村保健センター

保健所は、地域保健法に基づき都道府県、指定都市、中核市、特別区などに設置されている。管轄区域の住民の健康の保持増進のため、医療や社会福祉との連携を図りながら地域保健に関する幅広い業務を行っている。

また、市町村は、市町村保健センターを設置することができる。地域住民に対してより身近な機関として、健康相談、保健指導、健康診査その他の地域保健に必要な事業を行っている。母子健康手帳の交付や妊婦健康診査の勧奨、また乳幼児の1歳6か月児健診・3歳児健診の実施など、母子保健についてもさまざまな業務を担っている。

2 児童福祉施設

児童福祉法で規定されている児童福祉施設は13種類[注2]ある（表I-3-1）。これらは、地域で子どもたちが健やかに育つために利用できたり、一定期間入所したり、なかには母子で生活するための施設も存在する。保育所や幼保連携型認定こども園も児童福祉施設であり、他の施設と連携・協働しながらその地域の社会資源の一部として子育て家庭を支える役割を担っている。

(1) 乳児院

乳児院は、保護者の養育を受けられない乳幼児を養育する施設である。全国に145か所の施設があり、2,560人が入所している（令和4年10月1日現在）。

注2・・・・・・・・・・・・
　令和4年児童福祉法改正により、家庭養育の推進をめざして里親支援センターが新たに児童福祉施設として位置付けられた。

表Ⅰ-3-1　児童福祉法における児童福祉施設の種類

施設の種類	児童福祉法	児童福祉法における定義
助産施設	第36条	保健上必要があるにもかかわらず、経済的理由により、入院助産を受けることができない妊産婦を入所させて、助産を受けさせることを目的とする施設とする。
乳児院	第37条	乳児(保健上、安定した生活環境の確保その他の理由により特に必要のある場合には、幼児を含む。)を入院させて、これを養育し、あわせて退院した者について相談その他の援助を行うことを目的とする施設とする。
母子生活支援施設	第38条	配偶者のない女子又はこれに準ずる事情にある女子及びその者の監護すべき児童を入所させて、これらの者を保護するとともに、これらの者の自立の促進のためにその生活を支援し、あわせて退所した者について相談その他の援助を行うことを目的とする施設とする。
保育所	第39条	保育を必要とする乳児・幼児を日々保護者の下から通わせて保育を行うことを目的とする施設(利用定員が20人以上であるものに限り、幼保連携型認定こども園を除く。)とする。 ○2　保育所は、前項の規定にかかわらず、特に必要があるときは、保育を必要とするその他の児童を日々保護者の下から通わせて保育することができる。
幼保連携型認定こども園	第39条の2	義務教育及びその後の教育の基礎を培うものとしての満3歳以上の幼児に対する教育(教育基本法(平成18年法律第120号)第6条第1項に規定する法律に定める学校において行われる教育をいう。)及び保育を必要とする乳児・幼児に対する保育を一体的に行い、これらの乳児又は幼児の健やかな成長が図られるよう適当な環境を与えて、その心身の発達を助長することを目的とする施設とする。 ○2　幼保連携型認定こども園に関しては、この法律に定めるもののほか、認定こども園法の定めるところによる。
児童厚生施設	第40条	児童遊園、児童館等児童に健全な遊びを与えて、その健康を増進し、又は情操をゆたかにすることを目的とする施設とする。
児童養護施設	第41条	保護者のない児童(乳児を除く。ただし、安定した生活環境の確保その他の理由により特に必要のある場合には、乳児を含む。以下この条において同じ。)、虐待されている児童その他環境上養護を要する児童を入所させて、これを養育し、あわせて退所した者に対する相談その他の自立のための援助を行うことを目的とする施設とする。
障害児入所施設	第42条	次の各号に掲げる区分に応じ、障害児を入所させて、当該各号に定める支援を行うことを目的とする施設とする。 一　福祉型障害児入所施設　保護、日常生活の指導及び独立自活に必要な知識技能の付与 二　医療型障害児入所施設　保護、日常生活の指導、独立自活に必要な知識技能の付与及び治療
児童発達支援センター	第43条	地域の障害児の健全な発達において中核的な役割を担う機関として、障害児を日々保護者の下から通わせて、高度の専門的な知識及び技術を必要とする児童発達支援を提供し、あわせて障害児の家族、指定障害児通所支援事業者その他の関係者に対し、相談、専門的な助言その他の必要な援助を行うことを目的とする施設とする。
児童心理治療施設	第43条の2	家庭環境、学校における交友関係その他の環境上の理由により社会生活への適応が困難となつた児童を、短期間、入所させ、又は保護者の下から通わせて、社会生活に適応するために必要な心理に関する治療及び生活指導を主として行い、あわせて退所した者について相談その他の援助を行うことを目的とする施設とする。
児童自立支援施設	第44条	不良行為をなし、又はなすおそれのある児童及び家庭環境その他の環境上の理由により生活指導等を要する児童を入所させ、又は保護者の下から通わせて、個々の児童の状況に応じて必要な指導を行い、その自立を支援し、あわせて退所した者について相談その他の援助を行うことを目的とする施設とする。
児童家庭支援センター	第44条の2	地域の児童の福祉に関する各般の問題につき、児童に関する家庭その他からの相談のうち、専門的な知識及び技術を必要とするものに応じ、必要な助言を行うとともに、市町村の求めに応じ、技術的助言その他必要な援助を行うほか、第26条第1項第2号及び第27条第1項第2号の規定による指導を行い、あわせて児童相談所、児童福祉施設等との連絡調整その他厚生労働省令の定める援助を総合的に行うことを目的とする施設とする。
里親支援センター	第44条の3	里親支援事業を行うほか、里親及び里親に養育される児童並びに里親になろうとする者について相談その他の援助を行うことを目的とする施設とする。

出典：児童福祉法をもとに山屋作成

児童相談所の乳幼児の一時保護委託を受けたり、ショートステイ（短期入所生活援助事業）なども行っており、虐待や障害のある子どもの養育とともに、保護者の子育て支援の役割も担っている。

保護を必要とする乳幼児は特に、家庭養護が推奨されており、乳児院では里親や養子縁組、ファミリーホーム（小規模住居型児童養育事業）など家庭養育の養育者と子どもとの関係づくり支援や、養育に関する専門的な知識・技術に関する支援なども行われている。

(2)　児童養護施設

児童養護施設は、保護者のない子どもや虐待など保護者による養育が適当でない子どもに対し、安定した生活環境を整え、生活指導、学習指導、職業指導、家庭環境の調整を行いながら、子どもの心身の健やかな育ちと自立を支援する施設である。全国に610か所の施設があり、2万3,486人の子どもが生活している（令和4年10月1日現在）。

子どもたちの入所理由は、保護者からの虐待や保護者の疾患、離婚などによるものがあり、その背景には複雑な要因が重なり合っていることも多い。必要があれば乳児からの入所や、20歳まで措置延長も可能となっている。また、家庭復帰や進学、就職などの退所後も、安定した生活を送ることは容易ではないことから、子どもたちとつながり続けるアフターケアの充実も求められている[注3]。

また近年ではできる限り家庭に近い環境で養育できるよう、施設の小規模化や地域分散化が進められている。

(3)　母子生活支援施設

母子生活支援施設は、児童福祉施設のうち唯一、母子が共に生活しながら支援を受けられる施設である。全国に204か所の施設があり4,289世帯の定員がある（令和4年10月1日現在）。

入所者の半数以上は夫等の暴力の被害者で、そのほかにも経済的課題や、障害のある母や子どもの入所など、何らかの支援

注3
令和4年児童福祉法改正により、措置が解除された者等に対して児童自立生活援助事業所II型として児童養護施設においても援助を実施することが可能となった。

を必要としている母子が入所し、自立をめざしている。子どものための保育や学習支援なども提供されている。

(4) 児童発達支援センター

児童発達支援センターは、地域の障害児の健やかな発達のための中核的な役割を担う施設である。障害児が日々通い、日常生活における基本的動作や独立自活に必要な知識技術の習得、また集団生活への適応などの支援を受けることができる。従来は、福祉型と医療型に分かれていたが、障害種別にかかわらず支援を提供できるよう、令和4年の児童福祉法改正により一元化された。集団療育や個別療育が必要な主に未就学の障害児が対象で、医学的診断名や障害者手帳の取得は必須とはされていない。地域の保育所や幼稚園等に通いながら並行して定期的に通ったり、一定期間利用した後に保育所や幼稚園等に移ったりするなど、個々のニーズに合わせた利用の仕方がされている。

また、子どもの障害を保護者がどう受け止め、個々の子どもの特性に合わせてどのように育てていくのかなど、保護者の不安や負担、思いに寄り添った支援が大切にされている。

児童発達支援センターでは、通所利用児への療育やその家族支援を行うだけでなく、地域の障害児やその家族の相談支援、障害児の通う保育所や幼稚園へ訪問して援助・助言を行うなど、地域の療育における中核的な施設としての役割が求められている。

3 子育て家庭を支える専門職・実施者

(1) 児童福祉司

児童福祉司は、児童相談所に配置が義務付けられている専門職である。ソーシャルワーカーとしての専門性を用いながら、①子どもや保護者などからの子どもの福祉に関する相談に応じること、②必要な調査や社会診断を行うこと、③子どもや保護者、関係者等に必要な支援・指導を行うこと、④子どもや保護者等の関係調整（家族療法など）を行うこと、がその主な職務と

されている。

　また、児童福祉司としておおむね5年以上勤務し、他の児童福祉司に対し必要な専門的技術に関する指導および教育を行うスーパーバイザーも配置されている。

(2)　児童心理司

　児童心理司は、児童相談所において心理に関する指導を行っている。主な職務は、①子どもや保護者等の相談に応じ、診断面接、心理検査、観察等によって子どもや保護者等に対して心理診断を行うこと、②子どもや保護者、関係者等に心理療法、カウンセリング、助言指導等の指導を行うこと、とされている。

(3)　こども家庭ソーシャルワーカー

　こども家庭ソーシャルワーカーは、児童虐待への対応など子どもや家庭への専門的な相談援助活動に対応できるよう、令和4年の児童福祉法改正によって創設された認定資格である。児童相談所や市区町村のこども家庭センター、児童養護施設、学校などの教育機関、保育所など、子どもや家庭に関わるさまざまな場での活躍が期待されており、児童福祉司の任用要件としても位置付けられている。子ども家庭福祉分野における一定の実務経験者が研修や試験等を受け、取得することが可能となっている。

(4)　民生委員・児童委員(主任児童委員)

　児童委員は、民生委員法に基づく民生委員が充てられ、児童委員のなかから主任児童委員が厚生労働大臣によって指名されている。

　民生委員の歴史は古く、大正6(1917)年に済世顧問制度として岡山県で発足し、翌大正7(1918)年に大阪府にて公布された方面委員制度が、後に全国に普及していった。昭和21(1946)年の民生委員令公布により「民生委員」と名称をあらため、児童福祉法の公布とともに、民生委員は児童委員に充てられることとなった。報酬はなく3年任期で厚生労働大臣からの委嘱を

受けている。

　児童委員の主な職務は、担当区域の子どもや保護者等の福祉について、①担当区域の実情の把握と記録、②要保護児童の把握、③連絡通報、要保護児童発見者からの通告の仲介、⑤相談・援護、⑥行政機関の行う業務に対する協力、⑦子どもの健全育成のための地域活動等である。児童相談所長は、管轄区域内の児童委員に子どもやその家庭に関する調査を委嘱することができるとされており、地域に根差した子育て家庭への見守りや支援など、その果たす役割は大きい。

　主任児童委員は、平成6(1994)年1月に制度化された。担当区域をもたず、児童福祉に関する機関と児童委員との連絡調整を行うとともに、児童委員の活動に対する援助や協力を行っている。

(5) 保健師

　保健師は、厚生労働大臣の免許を受けて保健指導に従事する者をいう。乳幼児から成人、高齢者に至るまで幅広い年齢層に関わり、健康診査、母子保健対策、虐待防止対策、生活習慣病対策、感染症対策、自殺予防対策、精神保健対策など、地域住民の健康増進のための多様な業務を行っている。

　保健所・市町村保健センターだけでなく、児童相談所や地域包括支援センターなど、都道府県や市町村の行政機関をはじめさまざまな機関・事業に携わっている。乳児家庭全戸訪問事業や養育支援訪問事業など、地域の子育て家庭に対する訪問支援などでも中心的な役割を果たしている。

第2節　子育て支援施策・次世代育成支援施策の推進

　本節では、国による子育て支援施策や次世代育成支援施策のはじまりからの流れをたどり、平成27(2015)年より本格的に施行されている子ども・子育て支援制度[注4]の概要を中心に学ぶ。

1　保育士が担う子ども家庭支援

　子ども・子育て支援制度がスタートし、保育の受け皿確保などの「量的拡充」とともに、保育の「質の向上」がめざされている。地域における子ども・子育て支援の担い手が増えるなか、専門職としての保育士にはどのような役割が求められているのだろうか。

　保育士は、日々子どもや保護者と関わるなかで、特別な配慮を必要とする家庭、障害や発達上の課題のみられる子ども、不適切な養育が疑われる家庭などに出会うことがある。社会的困難を抱えた家庭のニーズにいち早く気づき、身近な頼れる存在として子どもや保護者を支える必要がある。その際、市町村や専門的な機関、専門的な人材などの地域の社会資源と連携・協働していくことで、保育士の専門性を生かした支援を展開することができる。その積み重ねによって、地域全体の子育て支援のネットワークが広がっていく。

　また、地域における子どもや幅広い年齢の人々が、乳幼児とふれあう機会を積極的に設けるなど、地域に開かれた保育は、地域全体の子どもや子育て家庭の理解につながる。保育士は、子どもの魅力・子育ての魅力を地域社会に積極的に発信していくことで、子育てにやさしい地域を創造する役割も担っているのである。

　子育てに不安感や負担感を抱える保護者が、子育てをとおして自己肯定感をもちながらよりよい親子関係を形成していくことは、子どもの健やかな育ち、すなわち子どもの最善の利益につながっていく。このような子ども・子育て支援の理念が、地域や社会全体で共有されるよう、理解を広げていく必要がある。

　保育士は、地域で子ども家庭支援を担う社会資源の重要な一員である。地域全体に子育て支援の機能が幅広く展開され、子ども・子育てにやさしい社会全体の仕組みが広がっていくための重要な担い手であることを忘れてはならない。

注4・・・・・・・・・・・・・・・・
　制度創設時より「子ども・子育て支援新制度」とよんでいたが、すでに一定期間を経ていることから、本書においては「子ども・子育て支援制度」と表記する。

第3章

子育て家庭に対する支援の体制

2　少子化対策から次世代育成支援施策へ

(1)　少子化対策のはじまり

　わが国で少子化問題が注目されるようになったのは、平成2 (1990)年の「1.57ショック」がきっかけだった。その年、前年度の合計特殊出生率が1.57と発表され、その値がひのえうまの昭和41(1966)年の合計特殊出生率を下回ったことが社会に大きな衝撃を与えた。

　そこで政府は、平成6年12月、「今後の子育て支援のための施策の基本的方向について(エンゼルプラン)」を文部・厚生・労働・建設の4大臣合意のもと策定するとともに、同月「緊急保育対策等5か年事業」を大蔵・厚生・自治の3大臣合意のもと策定した。それらをとおして、少子化による子ども自身や社会経済への影響の深刻化を鑑み、子育て支援を社会全体で取り組む課題として位置付け、10年間をめどに緊急に整備すべき保育対策等について打ち出した。

　その後も進行し続ける少子化に対し、平成11(1999)年12月、国は「少子化対策推進基本方針」を策定するとともに、それに基づいた具体的実施計画として「新エンゼルプラン(重点的に推進すべき少子化対策の具体的実施計画について)」を、大蔵・文部・厚生・労働・建設・自治の6大臣合意のもと発表した。

　主に、仕事と子育ての両立支援という観点から、保育サービスの充実を中心に行われてきた少子化対策は、さらにその後、男性も含めた働き方の見直しや、地域における子育ての支援、また社会保障としての子育て支援など、社会全体が一体となって子育てしやすい環境を整備することが急務となった。これらをいかに国や地方公共団体が計画的に実行していくのかが問われることとなった。

(2)　少子化対策から子ども・子育て支援へ

❶次世代育成支援対策推進法

　平成15年7月に成立した「次世代育成支援対策推進法」では、地方公共団体や企業等が次世代育成支援のための行動計画を策

定し実施することを求めた。これは10年間の時限立法として平成17(2005)年からスタートした。しかし、さらなる取り組みが必要となったことなどから平成27年4月、さらに10年間延長することとなった。

❷少子化社会対策基本法

同じく平成15年7月、少子化社会対策基本法が成立した。この法律の基本理念は、「父母その他の保護者が子育てについての第一義的責任を有するとの認識の下に、国民の意識の変化、生活様式の多様化等に十分留意しつつ、男女共同参画社会の形成とあいまって、家庭や子育てに夢を持ち、かつ、次代の社会を担う子どもを安心して生み、育てることができる環境を整備すること」とされている。保護者の子育てを社会全体でサポートすることが謳われ、そのために国は、「少子化に対処するための施策を総合的に策定し、及び実施する」ことが責務とされ、政府には、その施策の指針となる少子化に対処するための施策の大綱を定めることが義務付けられた。

また、同法に基づき内閣府に**少子化社会対策会議**が設置され、大綱の制定など少子化対策を総合的に推進することとなった。

❸新しい少子化対策について

平成18(2006)年6月、少子化社会対策会議にて「新しい少子化対策について」が決定された。これは、その前年の出生数が、国が人口動態統計を取りはじめてからはじめて死亡数を下回ったこときっかけである。この年の合計特殊出生率も1.26と過去最低となり、歯止めがかからない少子化に対して抜本的な改革が急務となった。「新しい少子化対策について」のなかでは、保護者の就労の有無にかかわらず、すべての子育て家庭を支援するという考え方のもと、子どもの成長などニーズの変化に応じた支援策が掲げられた。

また、翌平成19年12月には、「子どもと家族を応援する日本」重点戦略が同会議にて決定された。このなかでは、**ワーク・ライフ・バランス**の実現や、包括的な次世代育成支援の構築等の取り組みの必要性が謳われた。ワーク・ライフ・バランスについては、同月「仕事と生活の調和(ワーク・ライフ・バランス)憲章」などに反映された。また、平成20(2008)年2月には、希望する人すべてが安心して子どもを預けて働くことや、子どもの健やかな育ちの支援に社会全体で取り組むため、「新待機

少子化社会対策会議
内閣総理大臣を会長とし、閣僚を会員とした会議。

ワーク・ライフ・バランス
仕事と生活の調和(ワーク・ライフ・バランス)憲章では、「仕事と生活の調和が実現した社会」について、「国民一人ひとりがやりがいや充実感を感じながら働き、仕事上の責任を果たすとともに、家庭や地域生活などにおいても、子育て期、中高年期といった人生の各段階に応じて多様な生き方が選択・実現できる社会」と定義している。

図Ⅰ-3-3 わが国における少子化・次世代育成支援対策の経過

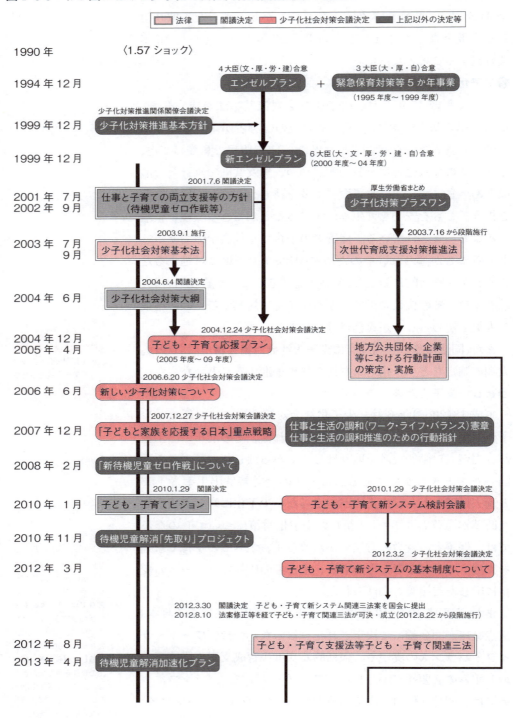

図Ⅰ-3-3 わが国における少子化・次世代育成支援対策の経過（続き）

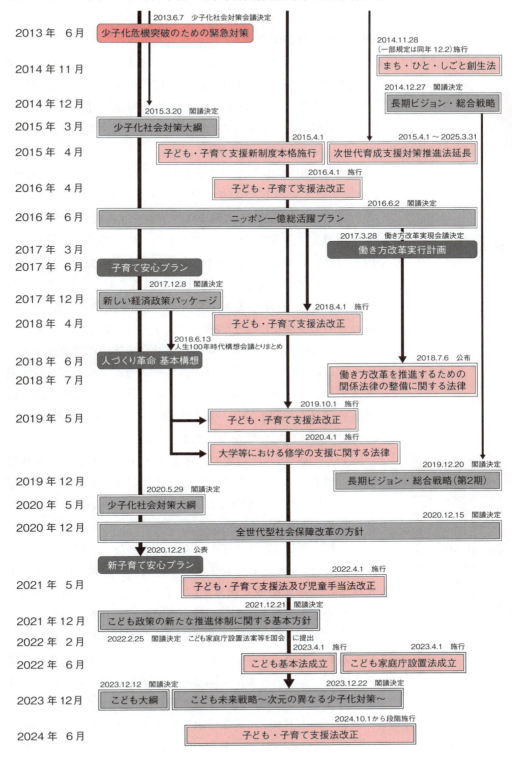

出典：内閣府『令和4年少子化社会対策白書』をもとに山屋作成

児童ゼロ作戦」を発表し、保育施策の質・量ともに充実をめざした。

❹少子化社会対策大綱

　少子化社会対策基本法にて定めることが義務付けられた最初の大綱が、平成16年6月に閣議決定された「少子化社会対策大綱」である。この大綱では、5年間を目途に達成すべき数値目標を掲げ、それをおおむね5年ごとに見直すこととなっている。

　平成22(2010)年1月の「子ども・子育てビジョン」(大綱)では、「子どもが主人公(チルドレン・ファースト)」という考え方が掲げられた。この大綱では、「子どもは社会の希望であり、未来の力」であることや、子どもを社会の主体的な一員として位置付け、児童の権利に関する条約の理念もふまえて社会全体で子育てを支える姿勢を打ち出した。さらに、「少子化対策」から「子ども・子育て支援」へと基本理念を転換させることで、誰のための支援なのかを明確にし、子育て中の親や子どもたちといった当事者の目線を大切にした社会全体の環境整備をめざした。このなかで、潜在的な保育ニーズの充足もめざす待機児童対策や、新たな次世代育成のための包括的・一元的な制度の構築に向けた検討、幼保一体化などをめざした取り組みなど、子育て支援に向けた新たな視点が打ち出された。

　同じく平成22年1月には「**子ども・子育て新システム検討会議**」が設けられ、「幼保一体化を含む新たな次世代育成支援のための包括的・一元的なシステム構築」についての検討が進められることとなった。

　さらに、平成27年3月に閣議決定された「少子化社会対策大綱」では、「少子化対策は新たな局面に」の考えのもと、策定後5年間を集中取り組み期間に位置付け、長期的な展望に立った子どもへの資源配分の拡充などをめざした。このなかで、①子育て支援施策のいっそうの充実、②若い年齢での結婚・出産の希望の実現、③多子世帯へのいっそうの配慮、④男女の働き方改革、⑤地域の実情に即した取り組み支援の5つの重点課題に基づいたきめ細かな少子化対策の推進がめざされた。

　令和2年5月には、「希望出生率1.8」の実現に向け「少子化社会対策大綱～新しい令和の時代にふさわしい少子化対策へ～」を閣議決定した。基本的な考え方として、①結婚・子育て

子ども・子育て新システム検討会議
議長は内閣府特命担当大臣(行政刷新)・国家戦略担当大臣・内閣府特命担当大臣(少子化対策)で、構成員は、総務大臣・財務大臣・文部科学大臣・厚生労働大臣・経済産業大臣・その他、必要に応じて議長が指名する者である。

世代が将来にわたる展望を描ける環境をつくる、②多様化する子育て家庭のさまざまなニーズに応える、③地域の実情に応じたきめ細かな取り組みを進める、④結婚、妊娠・出産、子ども・子育てに温かい社会をつくる、⑤科学技術の成果など新たなリソースを積極的に活用する、を掲げ、令和の時代にふさわしい当事者目線の少子化対策をめざした。

なお、少子化社会対策大綱は、令和4年6月に成立したこども基本法に基づき、それまで別々に作成・推進されてきた「子供の貧困対策に関する大綱」と「子供・若者育成推進大綱」と合わせて一元化され、「こども大綱」[注5]に引き継がれることとなった。

3 子ども・子育て支援制度

(1) 子ども・子育て支援の新たなシステムへ

平成24(2012)年3月に、「子ども・子育て新システムに関する基本制度」が少子化社会対策会議にて決定、今後の新システムの大きな枠組みが提示された。これを基に、政府は社会保障と税の一体改革の関連法案として、子ども・子育て支援法等の3法案を国会に提出し、平成24(2012)年8月、**子ども・子育て関連三法**が可決・成立、平成27年4月より「子ども・子育て支援制度」が本格施行されることとなった（図I-3-4）。

子ども・子育て支援制度では、消費税率の引き上げなどによって恒久的な財源を確保し、すべての子ども・子育て家庭を対象に、幼児教育、保育、地域の子ども・子育て支援を総合的に推進させ、質と量の拡充を図ることをめざしている。そのため、各市町村が、地方版**子ども・子育て会議**の意見を聴きながら地域の実情に合わせた子ども・子育て支援事業計画を策定することとなった。

(2) 子ども・子育て支援制度の概要

❶「施設型給付」および「地域型保育給付」の創設

本制度では、市町村が実施主体となり、それぞれの地域の実

注5
第I部第3章第2節4「子ども施策の総合的な推進へ」を参照。

子ども・子育て関連三法
「子ども・子育て支援法」（平成24年法律第65号）、「就学前の子どもに関する教育、保育等の総合的な提供の推進に関する法律の一部を改正する法律」（平成24年法律第66号）、「子ども・子育て支援法及び就学前の子どもに関する教育、保育等の総合的な提供の推進に関する法律の一部を改正する法律の施行に伴う関係法律の整備等に関する法律」（平成24年法律第67号）の3つの法律。

子ども・子育て会議
子ども・子育て支援法で設けられた有識者、地方公共団体、事業主代表・労働者代表、子育て当事者、子育て支援当事者等がメンバーとなり、子育て支援について提言を行って国の政策プロセス等に参画・関与することを目的とした会議。
地方版子ども・子育て会議も設置に努めることとされ、地域の実情に合わせた「市町村子ども・子育て支援事業計画」策定の審議を行っている。

図Ⅰ-3-4　子ども・子育て支援制度の概要

市町村主体			国主体
子どものための 教育・保育給付	子育てのための 施設等利用給付	地域子ども・子育て 支援事業	仕事・子育て 両立支援事業

現物給付

子どものための教育・保育給付
認定こども園・幼稚園・保育所・小規模保育等に係る共通の財政支援

施設型給付費

認定こども園 0～5歳

幼保連携型
※幼保連携型については、認可・指導監督の一本化、学校及び児童福祉施設としての法的位置づけを与える等、制度改善を実施

幼稚園型／保育所型／地方裁量型

幼稚園 3～5歳／保育所 0～5歳
※私立保育所については、児童福祉法第24条により市町村が保育の実施義務を担うことに基づく措置として、委託費を支弁

地域型保育給付費
小規模保育、家庭的保育、居宅訪問型保育、事業所内保育

子育てのための施設等利用給付
施設型給付を受けない幼稚園、認可外保育施設、預かり保育事業等の利用に係る支援

施設等利用費

施設型給付を受けない幼稚園

特別支援学校

預かり保育事業

認可外保育施設等
・認可外保育施設
・一時預かり事業
・病児保育事業
・子育て援助活動支援事業（ファミリー・サポート・センター事業）

※認定こども園（国立・公立大学法人立）も対象

地域子ども・子育て支援事業
地域の実情に応じた子育て支援

①利用者支援事業
②延長保育事業
③実費徴収に係る補足給付を行う事業
④多様な事業者の参入促進・能力活用事業
⑤放課後児童健全育成事業
⑥子育て短期支援事業
⑦乳児家庭全戸訪問事業
⑧・養育支援訪問事業
　・子どもを守る地域ネットワーク機能強化事業
⑨地域子育て支援拠点事業
⑩一時預かり事業
⑪病児保育事業
⑫子育て援助活動支援事業（ファミリー・サポート・センター事業）
⑬妊婦健診

仕事・子育て両立支援事業
仕事と子育ての両立支援

・企業主導型保育事業
⇒事業所内保育を主軸とした企業主導型の多様な就労形態に対応した保育サービスの拡大を支援（整備費、運営費の助成）

・企業主導型ベビーシッター利用者支援事業
⇒繁忙期の残業や夜勤等の多様な働き方をしている労働者が、低廉な価格でベビーシッター派遣サービスを利用できるよう支援

・中小企業子ども・子育て支援環境整備事業
⇒くるみん認定を活用し、育児休業等取得に積極的に取り組む中小企業を支援

現金給付

児童手当等交付金
児童手当法等に基づく児童手当、特例給付の給付

3歳未満　第1子、第2子：15,000円　第3子以降：30,000円
3歳～高校生年代　第1子、第2子：10,000円　第3子以降：30,000円

出典：こども家庭庁ホームページより山屋作成

情に合わせて計画を策定し、幼児教育・保育・子育て支援を提供する。従来は、幼稚園に対する財政措置と保育所に対する財政措置が別々に行われていたが、本制度では、認定こども園、幼稚園、保育所への共通した「施設型給付」として財政支援を一本化させた。

　また、「地域型保育給付」として「小規模保育」「家庭的保育」「居宅訪問型保育」「事業所内保育」の4つの事業があり財政支援が図られている（図Ⅰ-3-5）。

　都市部では、認定こども園等と連携した小規模保育を増やすことで待機児童の解消など保育の量の拡大をめざす。一方、人口減少地域では、施設の維持が困難であったり施設までの距離

図Ⅰ-3-5　地域型保育事業の位置付け

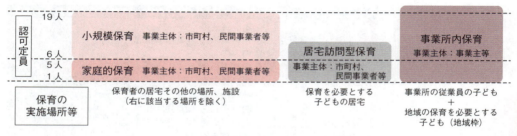

出典：内閣府「子ども・子育て支援新制度について（令和4年7月）」より山屋作成

が遠いなどの利便性の問題に対し、小規模保育を展開することで保育を確保できるなど、地域の実情に合わせた事業の展開が可能となっている。

❷認定こども園制度の改革

　認定こども園制度は、平成18年に創設され、幼稚園と保育所の両方の機能をもち、かつ地域の子育て支援の役割も果たしてきた。保護者の就労状況等にかかわらず子どもを受け入れ、幼児期の学校教育・保育を一体的に行う施設として進められてきたが、学校教育法に基づく幼稚園と、児童福祉法に基づく保育所としての二重の認可や指導監督等の課題が存在してきた。

　そこで本制度では、幼保連携型認定こども園について、その認可や指導監督等を内閣府に一本化させ（令和5年度よりこども家庭庁へ移管）、学校および児童福祉施設両方の法的位置付けをもたせた施設とし、いっそうの普及を図っている。財政措置についても、幼保連携型認定こども園、幼稚園型認定こども園、保育所型認定こども園、地方裁量型認定こども園の4類型すべてが「施設型給付」の対象となり、制度の改善が図られている。

❸利用するための子どもの認定区分

　本制度では、施設型給付等を利用する子どもを1号～3号に認定し、基本的にその区分によって、施設型給付および地域型給付を行っている（表Ⅰ-3-2）。1号認定の子どもの教育標準時間の給付は、幼稚園または認定こども園で受ける（法定代理受領）。また、2号および3号認定の子どもには、保育標準時間または保育短時間が給付される。これらは、保育所、認定こども園、小規模保育等で受けることとなる（法定代理受領）。

表Ⅰ-3-2　施設型給付費等の支給を受ける子どもの認定区分

	認定区分		給付内容	給付を受ける施設・事業
1号認定の子ども	満3歳以上の小学校就学前の子ども	2号認定の子ども以外のもの	教育標準時間	幼稚園認定こども園
2号認定の子ども		保護者の労働又は疾病		保育所認定こども園
3号認定の子ども	満3歳未満の小学校就学前の子ども	その他の事由で家庭において必要な保育を受けることが困難なもの	保育短時間保育標準時間	保育所認定こども園小規模保育等

※1号とは、子ども・子育て支援法第19条第1号
出典：内閣府子ども・子育て本部「子ども・子育て支援新制度について（平成30年5月）」より山屋作成

❹地域子ども・子育て支援事業

　子ども・子育て支援法に位置付けられた地域子ども・子育て支援事業は、利用者支援事業、地域子育て支援拠点事業、一時預かり事業など、地域の実情に応じて市町村が実施する事業である。以下、一部の事業を紹介する。

　利用者支援事業は、子育て家庭や妊産婦が地域の教育・保育施設や子育て支援事業などのサービスを円滑に利用できるよう、子育て支援の情報提供や必要に応じて相談・助言を行うとともに、関係機関との連携調整等を行う事業である。基本型、特定型（いわゆる「保育コンシェルジュ」）、こども家庭センター型がある（図Ⅰ-3-6）。市町村が実施主体であるが、市町村が認めた者への業務委託も可能である。

　地域子育て支援拠点事業は、乳幼児とその保護者が気軽に集い、互いに交流したり子育ての不安や悩みを相談し合える場を提供する事業である。基本事業として、①子育て親子の交流の場の提供と交流の促進、②子育て等に関する相談、援助、③地域の子育て関連情報の提供、④子育ておよび子育て支援に関する講習等、を実施することとされている。本事業には、一般型と連携型の2類型があり、一般型は公民館や保育所等に常設された拠点にて実施され、連携型は児童館等の児童福祉施設など多様な子育て支援に関する施設に親子が集う場を設けて展開されている。令和5年度は、全国8,016か所にて実施され、年々増加している。

　一時預かり事業は、保育所等を利用していない子どもなどを保育所や幼稚園等で一時的に預かることで、安心して子育てが

図Ⅰ-3-6　利用者支援事業の事業類型

施策の内容

基本型

○「利用者支援」と「地域連携」の2つの柱で構成。

【利用者支援】→当事者の目線に立った、寄り添い型の支援
　地域子育て支援拠点等の身近な場所で、子育て家庭等から日常的に相談を受け、個別のニーズ等に基づいて、子育て支援に関する情報の収集・提供、子育て支援事業や保育所等の利用に当たっての助言・支援を行う。

【地域連携】→地域における、子育て支援のネットワークに基づく支援
　利用者が必要とする支援につながるよう、地域の関係機関との連絡調整、連携・協働の体制づくりを行うとともに、地域の子育て資源の育成や、地域で必要な社会資源の開発等を行う。

※令和6年度以降、「地域子育て相談機関」として子育て家庭等と継続的につながりを持ちながら実施する相談・助言や、「こども家庭センター」との連携が上記に含まれる。

《職員配置》専任職員（利用者支援専門員）を1名以上配置（基本Ⅲ型を除く）
※子ども・子育て支援に関する事業の一定の実務経験を有する者で、子育て支援員基本研修及び専門研修（地域子育て支援コース）の「利用者支援事業（基本型）」の研修を修了した者等

特定型（いわゆる「保育コンシェルジュ」）

○主として市町村の窓口で、子育て家庭等から保育サービスに関する相談に応じ、地域における保育所や各種の保育サービスに関する情報提供や利用に向けての支援などを行う

《職員配置》専任職員（利用者支援専門員）を1名以上配置
※子育て支援員基本研修及び専門研修（地域子育て支援コース）の「利用者支援事業（特定型）」の研修を修了している者が望ましい

こども家庭センター型

○旧子育て世代包括支援センター及び旧市区町村子ども家庭総合支援拠点の一体的な運営を通じて、妊産婦及び乳幼児の健康の保持及び増進に関する包括的な支援及び全てのこどもと家庭に対して虐待への予防的な対応から個々の家庭に応じた支援まで、切れ目なく対応する。

《職員配置》
　主に母子保健等を担当する保健師等、主に児童福祉（虐待対応を含む）の相談等を担当する子ども家庭支援員等、統括支援員など

出典：こども家庭庁「児童福祉法等の一部を改正する法律の施行に向けた検討状況」（令和6年1月）、15頁より山屋作成

できる環境を整備するための事業である。実施形態としては、一般型、余裕活用型、幼稚園型Ⅰ、幼稚園型Ⅱ、居宅訪問型がある。就園前の子どもや幼稚園通園中の子どもの長期休業日など、一時的に家庭での保育が困難になった場合や保護者の負担軽減のための活用が可能となっている。

　子育て家庭にとって身近な地域において市町村主体のこれらの事業が計画的に整備されていくことで、子育てしやすい地域社会につながることが期待されている。

4　子ども施策の総合的な推進へ

(1)　全世代型社会保障改革の方針

　令和の時代となり、わが国はますます本格的な「少子高齢化・人口減少時代」を迎えつつある。そこで政府は、内閣総理大臣を議長とした検討会議を設置し、令和4年12月、「全世代型社会保障構築会議　報告書〜全世代で支え合い、人口減少・超高齢社会の課題を克服する〜」を取りまとめた。報告書では、全世代型社会保障の構築をとおし、①「少子化・人口減少」の

流れを変える、②これからも続く「超高齢社会」に備える、③「地域の支え合い」を強める、の３点を、めざすべき社会の将来方向として掲げた。特に、結婚、妊娠・出産、子育てを希望する人々の幸福追求を支援することで結果的に少子化の流れを変え、経済と社会保障の持続可能性を高めていくことにつながるとし、子どもを産み育てたいと希望するすべての人が安心して子育てができる環境を整備することを第一にめざすこととした。

(2) こども家庭庁の創設

さらに、子どもに関するさまざまな課題について厚生労働省や文部科学省、内閣府といった省庁間の縦割りや年齢による切れめをなくし子どもに関する施策を総合的に扱うため、令和３(2021)年12月「こども政策の新たな推進体制に関する基本方針～こどもまんなか社会を目指すこども家庭庁の創設～」を閣議決定し、新たな司令塔としてのこども家庭庁の創設が示されることとなった。これを受け令和４年６月、こども家庭庁設置法等が成立し、令和５年４月にこども家庭庁が発足した。

こども家庭庁は、こども家庭庁設置法第３条において、「心身の発達の過程にある者(以下「こども」という。)が自立した個人としてひとしく健やかに成長することのできる社会の実現に向け、子育てにおける家庭の役割の重要性を踏まえつつ、こどもの年齢及び発達の程度に応じ、その意見を尊重し、その最善の利益を優先して考慮することを基本とし、こども及びこどものある家庭の福祉の増進及び保健の向上その他のこどもの健やかな成長及びこどものある家庭における子育てに対する支援並びにこどもの権利利益の擁護に関する事務を行うことを任務とする」とされている。

(3) こども基本法の成立

こども家庭庁の発足と同時に、従来さまざまな法律によって進められてきた子どもや若者に関する施策について、共通の理念のもと、社会全体で子どもに関する施策を強力に推し進めていくために令和４年６月、こども基本法が成立した。こども

図Ⅰ-3-7　こども基本法の基本理念

こども施策は、6つの基本理念をもとに行われます。

1 すべてのこどもは大切にされ、基本的な人権が守られ、差別されないこと。

2 すべてのこどもは、大事に育てられ、生活が守られ、愛され、保護される権利が守られ、平等に教育を受けられること。

3 年齢や発達の程度により、自分に直接関係することに意見を言えたり、社会のさまざまな活動に参加できること。

4 すべてのこどもは年齢や発達の程度に応じて、意見が尊重され、こどもの今とこれからにとって最もよいことが優先して考えられること。

5 子育ては家庭を基本としながら、そのサポートが十分に行われ、家庭で育つことが難しいこどもも、家庭と同様の環境が確保されること。

6 家庭や子育てに夢を持ち、喜びを感じられる社会をつくること。

出典：こども家庭庁「令和6年版こども白書」40頁

基本法第3条では、図Ⅰ-3-7の6点が基本理念として示されている。

また、こども基本法では、内閣総理大臣を会長としたこども政策推進会議を設置し、同会議が子どもや若者、子育て中の保護者などの当事者の声を聴くなどしてこども大綱案を作成することとされた。

(4) こども大綱

令和5年12月、初めてのこども大綱が閣議決定された。これは、社会全体で「こどもまんなか社会」の実現をめざすものである。「こどもまんなか社会」とは、すべての子どもや若者が、心身の状況や置かれている環境等にかかわらず、等しくその権利が養護され、身体的・精神的・社会的に将来にわたって幸せな状態（ウェルビーイング）で生活を送ることができる社会のことである。こうした社会の実現は、子どもや若者だけでなく、すべての人にとっての幸福が高まることにつながっていく。

(5) こども未来戦略

さらに、これまでの少子化対策をふまえ、政府は令和5年12月、「こども未来戦略〜次元の異なる少子化対策の実現に向けて〜」を閣議決定した。「こども未来戦略」（図Ⅰ-3-8）は、

図Ⅰ-3-8　こども未来戦略MAP

出典：こども家庭庁

　令和8(2026)年度までの3年間を集中取組期間として位置付け、その間に実施する具体的な政策を「こども・子育て支援加速化プラン」として示した。

　「こども・子育て支援加速化プラン」では、①経済的支援の強化、②全てのこども・子育て世帯への支援、③共働き・共育ての推進、④こども・子育てにやさしい社会づくりのための意識改革、の4つの柱を掲げるとともに、それを支える財政的確保の方策について、示されている。

(6)　子ども・子育て支援法改正

　令和6年、子ども・子育て支援法等の一部を改正する法律が成立した。このなかでは、こども未来戦略の加速化プランに盛り込まれた施策を着実に実施するために、①ライフステージを通じた子育てに係る経済的支援の強化、②すべての子ども・子育て世帯を対象とする支援の拡充、③共働き・共育ての推進、などについて示された。児童手当の抜本的拡充や、保育所等に

通っていない満3歳未満の子どもが月一定時間まで保育所等の利用を可能とする「こども誰でも通園制度」[注6]、また、ヤングケアラーを国や地方公共団体等が支援に努めるべき対象として明記し支援を強化するなど、新たな施策が打ち出された。

　子ども・子育て支援施策は、子どもや子育て家庭のみに関係する事柄ではなく、いまや、社会全体で取り組むべき大きな課題として、スピード感をもって取り組むべき事案となっている。その充実のためには、私たち一人ひとりが、子どもの未来のために、今どのような社会をめざしていくべきかを自分ごととしてとらえていくことが必要である。

注6・・・・・・・・・・・・・・
　第Ⅱ部第1章第4節2「地域の子育て家庭を対象とした交流の機会や場の提供」を参照。

第3章
子育て家庭に対する支援の体制

学習のふりかえり

1 保育士は、地域における子育て支援に係る機関や実践者との連携・協働を行う地域における社会資源の一員である。

2 子ども家庭相談や子ども・子育て支援では、住民にとって身近な基礎自治体として市町村の役割が拡大している。

3 子ども・子育て支援制度では、すべての子どもと子育て家庭を社会全体で支えるために、幼児教育・保育・地域の子ども・子育て支援の総合的な推進をめざしている。

参考文献：
1. 厚生労働省雇用均等・児童家庭局長「市区町村子ども家庭総合支援拠点の設置運営等について」、平成29年3月31日
2. 厚生労働省雇用均等・児童家庭局長「『要保護児童対策地域協議会設置・運営指針』の一部改正について」、平成29年3月31日
3. 厚生労働省雇用均等・児童家庭局長「子育て世代包括支援センターの設置運営について」、平成29年3月31日
4. 厚生労働省子ども家庭局家庭福祉課「社会的養育の推進に向けて」、平成29年12月
5. 内閣府「少子化社会対策大綱～結婚、妊娠、子供、子育てに温かい社会の実現をめざして～」、平成27年3月20日
6. こども家庭庁・文部科学省「利用者支援事業の実施について」令和6年3月30日
7. こども家庭庁「地域子育て支援拠点事業の実施について（実施要綱）」令和6年6月28日
8. 文部科学省・厚生労働省「一時預かり事業の実施について」令和4年2月10日

I 家庭支援

第4章
多様な支援の展開と関係機関との連携

学習のポイント

　この章では、子ども家庭支援の対象と関係機関との連携について述べている。保育所保育指針に明記された内容から、子ども家庭支援の内容と対象を理解する。子ども家庭支援の対象は誰であるのかを明確にし、保育士としてどの対象にどのような支援を行うのかを理解する。子どもと家庭を取り巻く環境は日々変化し、虐待や不適切な養育、貧困や発達の課題等、子どもを育てる際の課題はさまざまである。家庭から保育所に通ってくる子どももいれば、里親家庭や児童養護施設等から通ってくる場合もあるので、保育士は子どもの育つ環境を把握し、支援内容を検討する必要がある。保育所で支援を行う際は、保育所で可能な支援内容を把握するとともに、保育所での支援の限界を知ることも必要である。その場合は状況に応じて地域の専門機関と連携することが、子どもと保護者にとって有益なこととなるので、その連携についても理解する。

子ども家庭支援の内容と対象

1 子ども家庭支援の内容

　保育所における子ども家庭支援の内容については、保育所保育指針(以下、保育指針)第4章に以下のように示されている。

> 保育所保育指針　第4章　子育て支援
> 　保育所における保護者に対する子育て支援は、全ての子どもの健やかな育ちを実現することができるよう、第1章及び第2章等の関連する事項を踏まえ、子どもの育ちを家庭と連携して支援していくとともに、保護者及び地域が有する子育てを自ら実践する力の向上に資するよう、次の事項に留意するものとする。
> 　　(中略)
> 1　保育所における子育て支援に関する基本的事項
> (1) 保育所の特性を生かした子育て支援
> ア　保護者に対する子育て支援を行う際には、各地域や家庭の実態等を踏まえるとともに、保護者の気持ちを受け止め、相互の信頼関係を基本に、保護者の自己決定を尊重すること。
> イ　保育及び子育てに関する知識や技術など、保育士等の専門性や、子どもが常に存在する環境など、保育所の特性を生かし、保護者が子どもの成長に気付き子育ての喜びを感じられるように努めること。

　1の(1)保育所の特性を生かした子育て支援、とあるように、保育士が子ども家庭支援を行う際には、保育所の特性を生かした関わりが不可欠である。保育所の特性を生かす、とはどういうことなのか。保育所で実践される子ども家庭支援には「保育」

と「保護者への子育て支援」の2つが含まれるということにほかならない。

保育所の特性の1点が「保育」であることはいうまでもない。保育士は日々子どもを預かり、家庭的な環境で保育をすることで子どもの情緒の安定を促し、その心身の発達を助長している。保育士はそのために必要な発達に基づいた専門性を有して保育実践を行うことが、保育所の特性の1つである。

保育所の特性のもう1点は「保護者への子育て支援」である。保育士には毎日保護者と関わる機会がある。朝夕の送迎時に、あいさつやその日の子どものようすを伝えることをとおして、保護者との信頼関係を築きやすい状況にある。このことから、保護者の子育て上の迷いや悩みにいち早く気づくことができ、保護者の声に耳を傾けながらエンパワメントする役割が保育所の特性であるといえる。

さらに、子ども家庭支援においてはこの「保育」と「保護者への子育て支援」が一体となって展開されることに意義がある。例えば、子どもへの関わり方で悩んでいる保護者が、保育の場で保育士が子どもと関わる実際の姿を見ることで、自身の関わりに取り入れる「行動見本の提示」などの役割がある。

また、日々保育所へ送迎する際には、さまざまな年齢や発達の子どもと関わる機会があり、そのことは子育てへの見通しをもちやすくすることにもつながっている。このように子ども家庭支援には「保育」と「保護者への子育て支援」の2つの視点が必要なのである。

2　子ども家庭支援の対象

(1)　対象について

子ども家庭支援の対象は、大きく3つに分けられる。
・保育所を利用している保護者
・地域の保護者
・その他の児童福祉施設を利用している保護者
保育所を利用している保護者を支援することは理解しやすいが、保育所を利用していない保護者への支援も必要であり、こ

のことは保育指針第4章にも明記されている。地域の保護者や児童福祉施設を利用している保護者への子ども家庭福祉の展開には、地域の関係機関との連携が必要になる。特に保育士は、子どもの発達や保護者の関わり方について気になることがあれば察知しやすく、保育所以外の機関との連携の必要性を感じることが多い。

　また地域の保護者や児童福祉施設を利用している保護者は、すでに他機関と関わりができている場合もある。例えば、子どもが生まれた時点で、各家庭には保健センターが関わる。その過程で、発達が気になる子どもや、子どもへの関わり方が気になる保護者などに保健師等が対応している場合もある。このように、各機関が有する専門領域と情報を共有しながら連携することが望まれる。

(2)　連携について

　保育指針では、関係機関との連携について第4章の「3　地域の保護者等に対する子育て支援」に以下のように述べられている。

保育所保育指針　第4章　子育て支援
3　地域の保護者等に対する子育て支援
(2) 地域の関係機関等との連携
ア　市町村の支援を得て、地域の関係機関等との積極的な連携及び協働を図るとともに、子育て支援に関する地域の人材と積極的に連携を図るよう努めること。
イ　地域の要保護児童への対応など、地域の子どもを巡る諸課題に対し、要保護児童対策地域協議会など関係機関等と連携及び協力して取り組むよう努めること。

　このように保育指針には、地域の関係機関との連携について示されている。子ども家庭福祉では「連携」や「協働」という言葉がよく聞かれる。ここでは連携の意味と意義について確認しておきたい。連携には「連絡を密に取り合って、ひとつの目

的のために一緒に物事をなす」という意味がある。保育士は自身の専門性を理解し、他機関と連携し一緒に物事をなす(=子どもの幸せ)必要がある。

保育士には保育の専門性はあるが、他領域においては他職種の専門性が存在するということをまず自覚して取り組むことが肝要である。子どもの発達が気がかりな場合を例にとってみると、保育士は、日常の保育をとおして子どもの発達に気がかりな点があることに気づく。しかし、子どもの発達を検査し、何らかの診断をし、望ましい療育環境(通園施設等)を検討するのは保育士の専門性ではない。それらは心理士や医師、ソーシャルワーカーの専門性によるものである。

保育士に望まれる連携は、保育現場での子どもや保護者のようすを関係機関に伝えることである。子どもや保護者と一番近くで関わる保育士は、子どものためと考えてつい調整役を担いがちになるが、それらはソーシャルワーカーの専門性であることを自覚し、保育士としての専門性の発揮を心がけたい。

この場合の保育士の専門性とは、保育場面における子どものようすを発達的観点を交えながら伝えることと、保育相談支援の技術を用いて保護者の気持ちの揺れを支えることである。保育士が専門外のことに言及したり、関わったりすると、現場に混乱を生起させることにつながる。

連携とは、相互関係に基づいたものである。一方でソーシャルワークは相互関係にありつつも、全体を調整するコーディネーターやマネジメントの機能が含まれる。保育指針に記された「連携」は他機関との相互関係をさすのであり、この職分をわきまえた関わりが望まれる。

このように、保育士が専門領域外のことに手を出してしまうのではなく、他職種の専門性を理解し、互いを尊重しながら連絡を取ってひとりの子どものことを考えることが連携である。保育士が自身のいままでの経験からわかるからといって、他領域に踏み込むことは連携ではない。それぞれの専門性を尊重し、子どもの幸せのために各機関ができることは何なのかを協議することこそが連携であると、しっかりと理解しておきたい。

第2節 保育所等を利用する子育て家庭への支援

1 支援の展開

　保育所等を利用している子育て家庭への支援について、保育指針「第4章　子育て支援」では以下のように示されている。これらの内容の詳細を理解したい。

保育所保育指針　第4章　子育て支援
2　保育所を利用している保護者に対する子育て支援
（1）保護者との相互理解
ア　日常の保育に関連した様々な機会を活用し子どもの日々の様子の伝達や収集、保育所保育の意図の説明などを通じて、保護者との相互理解を図るよう努めること。
イ　保育の活動に対する保護者の積極的な参加は、保護者の子育てを自ら実践する力の向上に寄与することから、これを促すこと。
（2）保護者の状況に配慮した個別の支援
ア　保護者の就労と子育ての両立等を支援するため、保護者の多様化した保育の需要に応じ、病児保育事業など多様な事業を実施する場合には、保護者の状況に配慮するとともに、子どもの福祉が尊重されるよう努め、子どもの生活の連続性を考慮すること。
イ　子どもに障害や発達上の課題が見られる場合には、市町村や関係機関と連携及び協力を図りつつ、保護者に対する個別の支援を行うよう努めること。
ウ　外国籍家庭など、特別な配慮を必要とする家庭の場合には、状況等に応じて個別の支援を行うよう努めること。
（3）不適切な養育等が疑われる家庭への支援
ア　保護者に育児不安等が見られる場合には、保護者の希望に応じて個別の支援を行うよう努めること。

イ　保護者に不適切な養育等が疑われる場合には、市町村や関係機関と連携し、要保護児童対策地域協議会で検討するなど適切な対応を図ること。また、虐待が疑われる場合には、速やかに市町村又は児童相談所に通告し、適切な対応を図ること。

（1）　保護者との相互理解

まずは保育指針「第4章　子育て支援」の「2　保育所を利用している保護者に対する子育て支援」に示された内容を実現する前提として、保護者との信頼関係の形成が求められる。

指針には、「日常の保育に関連した様々な機会を活用し」相互理解に努めることと示されている。子どもを長時間保育する保育所と家庭は、自転車の前輪と後輪として子どもを育てているといえる。前輪と後輪が効果的に作動するためには、互いについて理解しあうことが必要であり、保育の現場でも同様のことが求められる。

相互理解は、ただ子どもを預ける・預かることから形成されるわけではない。子どもを預ける保護者の状況や気持ちを確認しながら、安心して子どもを預けられる保育士であることを伝えていく努力が必要である。

1つには、あいさつや服装等からにじみ出る保育士の人間性に留意したい。保育士は日々多くの保護者と関わる。その際には、はきはきしたあいさつと笑顔が信頼関係形成の入り口になることを自覚しておく必要がある。あいさつができない保育士に、大事な子どもを預ける気持ちになるか、という保護者側の視点に立つことが必要である。服装も清潔感のある装いが望まれる。だらしない印象を与えてしまっては、信頼関係形成の阻害要因になる可能性もある。

さらに、言葉遣いにも留意したい。親しみやすさとなれなれしさの違いに気をつけながら、相手に敬意をもった話し方が必要である。年上の保護者には敬語を、年齢が近い保護者には砕けた口調で話すなど、保護者によって対応を変える姿などは、保護者に戸惑いが生じかねないため気をつけたい。これらの保育士としてのあり方は、信頼関係形成の基本となることを意識

し、自身の立ち居振る舞いを見直したい。

　もう1つは、日々の保育があげられる。保育内容はその園独自の方針に基づいて展開されているので、日々の保育にどのような目的があるのかを、保護者にわかりやすく説明する必要がある。

　保護者のなかには「遊ばせてばかりでよいのか？」と保育内容に疑問をもつこともあるかもしれない。そのような場合も、遊びのなかで子どもが楽しいという思いを実感すること、遊具を使うことで手指の操作性が高まること、他児とのコミュニケーションを学んでいることなど、どのような意味があるかを伝えていくことが保育士の専門性であるといえる。そのためには、保護者と会話をすることはもちろんだが、連絡帳やクラスだより等を用いて伝えていくことも可能である。

　また、行事も子どもの日々の保育や成長を確認する機会である。行事に参加できたか・できなかったか、上手にできたか・できなかったかの行事当日の結果にのみ注目するのではなく、そこに至るまでの過程を事前に保護者に伝えていくことが保育士の役割である。遊びや行事の意味やそれらを見る視点について、さまざまな援助技術を用いて保護者に伝えていくことが、日々の保育や子ども理解につながり、保護者とともに子どもを育てることにつながることを理解したい。

（2）　保護者の状況に配慮した個別の支援

　保育士の保護者への支援には、個別の状況を理解して関わることが求められる。保育所は児童福祉法第39条に定められた「保育を必要とする」子どもが日々通う場である。つまり多くの保護者は就業しており、またそうでなくても疾病や介護等、何らかの事情が存在する。保育士には、保護者の個々の状況に配慮した個別の支援が望まれる。

　保育所に通う子どもの多くの保護者は就労しているが、その就労形態はさまざまである。まずは、保護者自身は親であると同時に、一人の人間として自身の人生を生きていることを十分に理解しておく必要がある。そのうえで、保護者自身の日々の仕事と家庭の両立に対するねぎらいの思いを表出することが、保護者を支援することであろう。保育士は、保護者と日常的な

会話をするなかで、保護者の置かれている状況を把握しやすい。その状況に応じて、保育士固有の専門性である支援(励ましや承認等)でよいのか、他機関等の支援が必要なのかを見極める必要がある。

次に、子どもに何らかの発達の課題がある場合等もみられるが、この課題の取り扱いは慎重に行う必要がある。保育士は日々の保育のなかで、子ども同士の関わりのようすや、活動の切り替え場面等で、子どもの発達に疑問を感じることが少なくない。それは保育士が多くの子どもを見ているからこそ気づく違和感であり、自分の子どもを育てることに一生懸命になっている保護者には気づきにくい視点であることを理解しておかねばならない。それゆえに保育士の思いと保護者の思いに違和感が生じることもある。日々の保育における遊びの姿を伝えることから子ども理解を進め、状況に応じて他の専門機関と連携することが望まれる。

しかし、子どもの発達に課題があるという事実は、保護者には理解しがたいものであり、その受け止め方も保護者によってさまざまである。「子どものためになるなら早く療育を受けさせたい」と思う保護者もいれば「そんなはずはない、この子は人よりゆっくりなだけだ」と思う保護者もいる。保護者の心理状況に応じた保育士の関わりが必要になる。

また、外国籍の子どもの保護者への支援も必要である。保育所に在籍している外国籍の子どもの全国的な実態調査は行われておらず、明確な人数を把握することはむずかしい。

令和元(2019)年度に三菱 UFJ リサーチ&コンサルティング株式会社が子ども・子育て支援推進調査研究事業として、「保育所等における外国籍等の子ども・保護者への対応に関する調査研究事業」を実施した。これは全国の市区町村保育主管課 1,741 団体を対象に調査したものであり、1,047 団体から回答があった。回答した 1,047 団体のうち、「外国にルーツを持つ子どもが入園している保育所等の有無」の質問には、約 70％の自治体が「ある」と回答している。

また、調査において、保育所入園の申し込みまでの課題を問うと、最も多かったものが「入園に向けた手続き、準備について、保護者へ伝えることが難しい」であった。

さらに、在園時の課題については「言語的な障壁によるコミュ

ニケーション」「子どもの気になる行動が言語的障壁によるものか、発達によるものかわかりにくい」「文化的背景への知識不足（職員）」があげられている。これら外国籍の子どもの保護者は就労や留学等の理由で保育所を利用しているが、その語学力や文化的背景もさまざまであることを理解して関わる必要がある。

　このように、保育所に子どもを預けている保護者の状況はさまざまであり、常に変化することを念頭に置いておく必要がある。子どもが日々成長するように、保護者も自身の人生を生きている。保護者のライフステージに視点を移してみると、子育ての時期は、妊娠・出産・子育て、仕事での責任の増加や就労形態の変化・転職、家族の病気や介護、自身の体調変化、それらにともなう家族の調和・不調和といったさまざまなことが起こりやすい時期でもある。保育士はこれら保護者の状況を理解し、その変化に応じた個別の支援が望まれる。

(3)　不適切な養育が疑われる家庭への支援

　保護者のなかには、保育士から見て不適切だと感じられる養育を行っている場合がある。少子化や核家族化が進行する現代においては、周囲に幼い子どもを見ながら育つ経験が少なくなっている。つまり、乳幼児に関わった経験がないまま親となる人が多いのである。そのために、適切な関わり方がわからない、身近に相談できる人がいない、子育ての責任からくる過度のプレッシャーで子どもに厳しく接してしまうなど、不適切と思われる行動の背景には保護者自身の戸惑いが潜んでいる場合がある。

　このような保護者には、保育士の専門性に基づいた支援が不可欠である。自身の行動に疑問をもっていない場合もあるだろうし、保育士に話しかけられると攻撃・否定されたように感じる保護者もいる。日々の関わりで信頼関係を築きながら、カウンセリングの知識や技術を用いて保護者の声に耳を傾け、その辛さに受容・共感することが求められる。

　また、このような保護者の多くは、悪意で行動しているわけではなく、適切な方法がわかっていないことが原因である。そのような場合には、保育士が適切な関わりを示し、行動見本を

提示することが有効である。

2　関係機関との連携

（1）　障害が疑われる場合

　保育士は子どもの発達の課題に気がつきやすい。しかし、保護者がそこまで課題を感じていない場合もある。関係機関との連携以前に、保護者との信頼関係を形成しておくことが必要である。そのうえで、子どもの日々の遊びのようすや、他児とのコミュニケーションのようすなど、具体的な場面を提示しながら子どもの課題に気づくように話をすることが望まれる。

　保護者が子どもの発達の課題を認め、専門的な助言を望んだときが他機関との連携にふさわしい時期といえる。まず必要なことは子どもの発達状況の確認なので、発達検査を実施している機関を紹介することが必要になる。

　発達検査は民間の児童精神科医でも受けることができるが、有料であることに留意したい。今後の連携を考えるならば、児童相談所、児童発達支援センター、保健所等の公的機関との連携が望ましい。基本的には保護者が電話等で予約を入れ、子どもを連れて相談機関を訪問し、発達検査を受けることになる。しかし、保護者が他機関を訪問するのが不安な場合などは、所属長の承認を得て保育士が同行することも必要な保護者支援である。

　このようなことも保護者の養育力を支える保育士の専門性であるとの認識が必要である。また、いずれの相談機関も待機が多いのが現状であり、受診を待っている間に保護者の気持ちが揺れることも予想されるので、保育士はその揺れに寄り添う関わりが必要になる。

　他機関での発達検査や相談の後に、療育につながる場合もある。平成10（1998）年に保育所と児童発達支援センターの併行通園が可能になった。これにより、児童発達支援センター等で個別のより専門的な療育を受けつつ、保育所で集団と関わる機会を得るということができるようになった。

　この際に留意したいのは、それら関係機関との連携である。

各機関が子どもの状態を把握するために連絡会を開いたり、保護者の承諾を得て関係機関に保育場面での子どものようすを伝えたり、療育の場での子どものようすを教えてもらうことも子どもと保護者の支援には必要になる。関係機関の専門職に保育所を訪問してもらい、保育環境の構成についてアドバイスをもらうことも望ましい。子どもの最善の利益のために、各機関で何ができるか検討しあい努力することが連携であるといえる。

(2)　不適切な養育が疑われる場合

　不適切な養育、主に虐待が疑われる場合、保育士の対応だけではむずかしい場合は他機関との連携が必要になる。児童の権利に関する条約には子どもの権利として「生きる権利・育つ権利・守られる権利・参加する権利」が示されている。
　また児童福祉法第25条には「要保護児童を発見した者は、これを市町村、都道府県の設置する福祉事務所若しくは児童相談所又は児童委員を介して市町村、都道府県の設置する福祉事務所若しくは児童相談所に通告しなければならない」と通告義務について示されている。
　さらに、児童虐待の防止等に関する法律(児童虐待防止法)第5条・6条には以下のように示されている。

児童虐待の防止等に関する法律
第5条
　学校、児童福祉施設、病院(中略)その他児童の福祉に業務上関係のある団体及び学校の教職員、児童福祉施設の職員、医師、歯科医師、保健師、助産師、看護師、弁護士(中略)その他児童の福祉に職務上関係のある者は、児童虐待を発見しやすい立場にあることを自覚し、児童虐待の早期発見に努めなければならない。
　2　前項に規定する者は、児童虐待の予防その他の児童虐待の防止並びに児童虐待を受けた児童の保護及び自立の支援に関する国及び地方公共団体の施策に協力するよう努めなければならない。
　　(中略)

5　学校及び児童福祉施設は、児童及び保護者に対して、児童虐待の防止のための教育又は啓発に努めなければならない。

第6条
　児童虐待を受けたと思われる児童を発見した者は、速やかに、これを市町村、都道府県の設置する福祉事務所若しくは児童相談所又は児童委員を介して市町村、都道府県の設置する福祉事務所若しくは児童相談所に通告しなければならない。

（下線は筆者）

　児童虐待の通告義務は国民全体にあるが、上記の児童虐待防止法にあるように、児童福祉施設職員である保育士は、特に児童虐待の発見と通告に努める必要性がある。

　虐待が疑われる場合は、要保護児童対策地域協議会等に参加して他機関と子どもの情報を共有しあうことが必要になる。保育所での子どもと保護者のようすを提供すると同時に、他機関からソーシャルワークの視点に基づいた今後の展開について示唆を得ることができる。

　通告が必要になった場合、保育士に葛藤が生じることも少なくない。通告することで保護者との信頼関係が損なわれるのではないかという思いがはたらくのである。しかし保育士は福祉専門職であり、そこには専門職の責務が介在することを自覚しなければならない。保育士が通告することで、現状以上の保護者の虐待行為を止めることにもなり、子どもの生命を守ることになるのだという視点が必要である。

　また通告に至らないが、例えば保護者へのカウンセリングや、母子生活支援施設や制度の利用等、他機関の専門的アプローチが必要な場合等もある。そのような場合も、地域のソーシャルワーカーと連携を取り、より専門的な支援が受けられるように調整することで保護者と子どもの支援に努めたい。

第3節 地域の子育て家庭への支援

1 支援の展開

　保育所等では、保育所を利用していない地域の子育て家庭への支援も行わねばならない。その支援内容は保育指針第4章に、以下のように示されている。

保育所保育指針　第4章　子育て支援
3　地域の保護者等に対する子育て支援
(1) 地域に開かれた子育て支援
ア　保育所は、児童福祉法第48条の4の規定に基づき、その行う保育に支障がない限りにおいて、地域の実情や当該保育所の体制等を踏まえ、地域の保護者等に対して、保育所保育の専門性を生かした子育て支援を積極的に行うよう努めること。
イ　地域の子どもに対する一時預かり事業などの活動を行う際には、一人一人の子どもの心身の状態などを考慮するとともに、日常の保育との関連に配慮するなど、柔軟に活動を展開できるようにすること。
(2) 地域の関係機関等との連携
ア　市町村の支援を得て、地域の関係機関等との積極的な連携及び協働を図るとともに、子育て支援に関する地域の人材と積極的に連携を図るよう努めること。
イ　地域の要保護児童への対応など、地域の子どもを巡る諸課題に対し、要保護児童対策地域協議会など関係機関等と連携及び協力して取り組むよう努めること。

　このように保育所の責務は、保育所を利用する子どもと保護者への支援だけにとどまらず、保育所を利用していない地域の

子どもと保護者への支援にもある。令和6(2024)年のこども家庭庁の調査では、保育所に在籍している0歳児は約2割、1・2歳児は約6割となっている。つまり約8割の0歳児と約4割の1・2歳児は在宅していることになる。これらの在宅している子どもと保護者への支援がいかに重要であるかということを理解しておかねばならない。虐待件数が増加する現状においては、その状況を改善するためにも、虐待を未然に防ぐこと、すなわち地域における子育て支援の役割がより求められている。

保育所は地域に根差した子どもに関する専門知識を有する保育施設であり、他の専門機関よりも気軽に足を運ぶことができる。乳幼児を育てることにおいては、睡眠・食事・排泄といった生活に直結した悩みが見受けられる。例えば寝つきが悪い、食事をあまり食べない、トイレトレーニングがうまくいかないなどである。このような生活に直結した課題は1日に何度も繰り返されるので、保護者が消耗していく。保育士の有する知識や技術を提供することにより、速やかな課題の軽減に努めたい。

そのために保育所では、例えば園庭開放や行事への招待、サークル活動等を通じて、地域の家庭への支援を行うことが望ましい。保育所では地域に向けた取り組みをすることで、地域の子どもと保護者が気軽に足を運ぶ機会をつくることが必要である。そのような機会に、遊びの場で子どもを媒介にしながら、子育て上の疑問や課題について話をすることができる。

例えば「子どもが食事をあまり食べない」という悩みには、受容的に耳を傾け、食事の時間や環境等を聞きながら改善できる糸口を探しつつ、日々子育てに努力している保護者をねぎらうことが必要である。このような保育士の専門性である遊びを仲介にした場での支援が望まれる。

また、保護者自身の成育歴や経済的事情、子どもの発達に関する課題等、場をあらためたほうが望ましい内容であると判断した場合は、保育所内の相談室等、おちついて話ができる環境に案内することが望ましい。

令和6年度より「こども誰でも通園制度」の試行的事業が実施されている。この制度は、0～2歳児の在宅での保育が多いこと、また子育て家庭の多くが「孤立した育児」の中で不安や悩みを抱えており、支援を強化するために創設された。

内容としては、月一定時間まで利用可能枠のなかで就労要件

を問わず時間単位で柔軟に利用できるものである。令和8 (2026)年度からの本格実施に向けて調整が進められている。

2　関係機関との連携

　保育所では、地域の関係機関と連携しながら保護者を支援する必要がある。児童福祉法第48条の4第1項には「保育所は、当該保育所が主として利用される地域の住民に対してその行う保育に関し情報の提供を行わなければならない」とあり、第2項には「その行う保育に支障がない限りにおいて、乳児、幼児等の保育に関する相談に応じ、及び助言を行うよう努めなければならない」と示されている。このように、保育所で地域の子育て家庭に対しての支援を行うことは、児童福祉法により規定されている。

　さらに子ども・子育て支援法の第59条には、市町村の子ども・子育て支援事業計画にのっとって、地域子ども・子育て支援事業を実施するように定められている。以上の法的根拠により、保育所は地域の子育て家庭への支援をしなければならないことを理解して実施する必要がある。

　保育所が実施する支援事業に地域の保護者が参加し、そこで保育士が保護者の気になる姿に気づき、他機関連携が必要になると判断する場合もあるかもしれない。また他機関から子どもの遊び場や保護者の休息を兼ねて、保育所の一時保育等を紹介されてくる場合もあるかもしれない。

　いずれの場合にしても、保護者に対して受容的に関わり、他機関との密な連絡の取り合いが必要になる。「他機関につないだから終わり」ではなく、地域の保育所を利用するということは、今後も地域で成長していく子どもと保護者であることを理解しなければならない。

　他機関と連携することで、地域の保護者はさまざまな機関や人と関わり、その関係性のなかで子育てをすることになる。保護者自身の人間関係の広がり、子育て力の向上や、子どもの発達等さまざまな変化が期待できる。保育所は地域の関係機関と連携し子育て家庭を支援することで、保護者自身をエンパワメントしていることを理解し、関わることが望まれる。

第4節 要保護児童およびその家庭に対する支援

　要保護児童やその家庭に対する支援については、保育指針「第4章　子育て支援」の「3　地域の保護者等に対する子育て支援」において述べられている。

　保育士資格は児童福祉法により定められている国家資格であるから、保育所以外の児童福祉施設でも勤務可能である。要保護児童やその家庭への支援について、保育所以外の児童福祉施設での連携も視野に入れておく必要がある。

1　支援の展開

　児童福祉法第6条の3には「保護者のない児童又は保護者に監護させることが不適当であると認められる児童」を要保護児童とすると定められている。さらに平成16（2004）年の児童福祉法改正にともない、要保護児童対策地域協議会の設置が規定された。

　これらは児童福祉法第25条に記載されており、第25条の2には「地方公共団体は、単独で又は共同して、要保護児童の適切な保護又は要支援児童若しくは特定妊婦への適切な支援を図るため、関係機関、関係団体及び児童の福祉に関連する職務に従事する者その他の関係者により構成される要保護児童対策地域協議会を置くように努めなければならない」と示されている。

　保育所やそれ以外の児童福祉施設も要保護児童対策地域協議会に連なる関係者であることから、要保護児童やその家庭への支援を行わねばならない。

2　要保護児童とその家庭に対する保育所の支援と関係機関の連携

　保育所に在籍しているかや地域の子どもであるかを問わず、要保護児童を発見した場合はどのような対応が望ましいのだろうか。保護者の関わりが不適切である場合は、他機関と連携し

ながら慎重に取り扱うことが必要になる。そしてその不適切な部分を適切に行えるように支援したり、十分に養育できない部分を補う支援が望まれる。

例えば、子どもが十分に食事を摂れていないようであれば、保護者の日々の子育てを労わりながら、朝はコンビニのおにぎりを１つ食べさせてから登園してほしいなど、具体的にしてほしい行動を伝える支援が必要になる。その際に、朝食を摂ることが子どもの活性化につながり、それが遊びの充実につながることを伝えることも必要である。

また、不適切な環境で育つ子どもは愛着形成が不十分な場合がある。その状態は不安が強かったり攻撃的であったり保育者に過剰に甘えてきたりとさまざまである。保育士はそのような子どもの状態を把握しながら適切な関わりをし、子どもが保育所で安定的に過ごせるように環境調整することが望まれる。

このように、食事は摂れているのか、衣類の清潔は保たれているのか、身体にあざはないかなど、日々の保育で子どもの安全確認を行いながら、子どもと家庭の見守りと支援を行う。さらに要保護児童対策地域協議会で情報交換しながら、子どもや家庭の状況を確認しつつ、日々の保育を行うことが求められる。

また、子どもの貧困等の課題には、保護者への経済的支援が必要になる。児童相談所や福祉事務所と連携し、経済的支援制度の確認や母子生活支援施設への入所といった公的なものから、子ども食堂や地域のNPO法人の情報等まで、幅広い情報提供が望まれる。このように、家庭での養育を補完するような支援を行うのが保育所の役割であるといえる。

3　要保護児童とその家庭に対する児童福祉施設と関係機関の連携

子どもを守るべき保護者が、子どもを守ることがむずかしくなったときは、子どもを公的責任において保護しなければならない(社会的養護)。これは児童福祉法第２条に「２　児童の保護者は、児童を心身ともに健やかに育成することについて第一義的責任を負う」「３　国及び地方公共団体は、児童の保護者とともに、児童を心身ともに健やかに育成する責任を負う」と示されている。

家庭での養育の代替を行うのが、乳児院・児童養護施設・障害児入所施設・里親などである。これらの児童福祉施設への入所や里親委託が決定すると、保育士はこれまでの子どものようすを伝えるという形での関係機関との連携が必要になる。子どもの発達状況や既往歴、アレルギーや食の好み、好きな遊びや得意なことなど、これまでの保育で知り得た子どもの情報を、入所・委託先に伝える。これは子どもの育ちを切れめなくサポートする連続性を意識した取り組みであるといえる。

　また、連携し情報提供することで、職員の子ども理解を促進する効果もあり、子どもの過ごしやすい環境をつくることに役立つ。施設は子どもが24時間生活するところなので、保育所が必要な情報を提供することで、施設でより安定した生活環境がつくられることに貢献するという意義がある。

　子どもが入所した施設では、施設の保育士が子どもと家庭の支援を行う。入所したてで環境の変化から不安を感じている子どもに寄り添い行動を共にしたり話を聞くなど、受容的な関わりから新しい生活に慣れるように支援することが望まれる。施設そのものが子どもにとっては新しい環境であるが、新たな保育施設や小学校等に通う場合は、さらに子どもの不安感が増すことも考えられる。保育士が小学校の先生と事前に面談を行うなど、子どもが安定的に過ごせるようなていねいな支援が必要である。心理的に支援が必要な子どもの場合は、心理療法の活用等で、子どもの心身が安定するように関わる。施設が家庭の代替機能であるから、施設で暮らすルールや学校等での学業の支援など、生活全体を支援する視点で関わることが望ましい。

　施設入所をしている子どもの保護者への支援も必要である。子ども家庭福祉分野では家族再統合をひとつの目標としていることもあり、家族の再統合、さらには不適切な養育の再発を防止する支援がされている。子どもが施設入所しても多くの場合、親子の関係性は残っているので、電話や面会を活用した家族関係の維持・改善への支援がある。

　また、あまり連絡のない保護者には保育士から連絡をし、子どもの施設や学校でのようすを伝えることから、子どもへの意識を高めるなどの支援も行う。その際に、保護者の生活が不安定になっているようであれば助言も行う。子どもの誕生日や行事、週末や長期休暇中は面会や外泊等が可能な時間的余裕がで

きるので、児童相談所と連携を取りながら子どもと保護者の関係調整の機会を支援することもある。このように、さまざまな機会を見ながら、子どもと保護者の支援を行うことが望まれる。

施設では、入所した子どもが退所した後も支援をすることが規定されている。保護者の行動や思考が変化し、子どもを引き取りたいと考える場合もあり、その思いを保育士に伝えてくる場合もある。しかし子どもの措置権は児童相談所が有しているので、保育士は児童相談所に保護者の思いを伝えながら、連携して今後の方針を考えねばならない。

家庭引き取りとなった場合、子どもが施設で生活しているあいだ、それぞれの家庭では子ども不在の生活リズムができている。保護者が子どもを家庭に引き取り、関係性を再構築しようと考えていても、互いに生活リズムの変化になかなかなじめずストレスが高まる場合もある。このような場合も施設は退所後の支援として、保護者の話を聞き、子どもと保護者が安定して過ごせるように支援することが望まれる。

また、保育所には里親家庭から通ってくる子どももいる。里親の種類もいくつかあり、養育のみを委託されている場合や、養子縁組を前提としている里親、また何年も里親をしている人もいれば、はじめて子育てを行う里親もいる。里親に委託されているということは要保護の状態ではないが、その状況はさまざまであり、保育士は必要に応じて親子関係の形成に支援を行うことが望まれる。前提として、家族形態の多様化を理解し、家族としての育ちに支援をする姿勢が必要である。

はじめて子どもを育てる里親の場合は、子どもの発達に対する見通しや、子どもの言動への対応に戸惑うことも予想される。そのような場合は、保育士が行動見本を提示しながら関わりを伝えることが望ましい。また、児童相談所や家庭養護促進協会、里親支援センターと連携しながら子どもと保護者を支援することが望まれる。

このように、保育士は関係機関と連携しあいながら子どもの生活を守り、保護者を支援する必要がある。関係機関と連携する意義や方法を理解し、子どもと保護者のために尽力するのが保育士の専門性であるといえる。

学習のふりかえり

1 保育所での支援の対象について理解できたか。

2 保育所での支援の内容について理解できたか。

3 要保護児童とその家庭への支援について理解できたか。

4 関係機関との連携方法について理解できたか。

参考文献
1. 『改正児童福祉法・児童虐待防止法のポイント』中央法規出版、2016年
2. 柏女霊峰・橋本真紀『保育相談支援［第2版］』ミネルヴァ書房、2016年
3. 柏女霊峰『子ども家庭福祉・保育の幕開け』誠信書房、2011年
4. 「保育所等における外国籍等の子ども・保護者への対応に関する調査研究事業報告書」三菱ＵＦＪリサーチ＆コンサルティング株式会社、2020年
5. こども家庭庁「保育所等関連状況取りまとめ（令和6年4月1日）」2024年8月30日
https://www.cfa.go.jp/assets/contents/node/basic_page/field_ref_resources/4ddf7d00-3f9a-4435-93a4-8e6c204db16c/82ad22fe/20240829_policies_hoiku_torimatome_r6_02.pdf

I 家庭支援

第5章 子ども家庭支援に関する現状と課題

学習のポイント

　子ども家庭支援を充実するには、保育士自身の学びを深め、専門性を高めることが不可欠であることは言うまでもない。それに加えて、社会状況の目まぐるしい変化にともない、子どもが育つ家庭状況や環境が大きく動いているということを、国民全体が理解し、協力していく体制を構築することが必要であるということを認識し、はたらきかけていくことも、担い手としての保育士の使命であることを理解する。

第 1 節

制度・行政上の仕組みにおける課題

1　子ども家庭相談体制の整理と見直し

　これからの子ども家庭支援は、関わる保育士個人にも能力が求められるが、その力を十分に発揮するためには、そのはたらきをケースに応じて展開できる制度や行政の仕組みと体制が整っていることが求められる。

　どれほど個人的に深く関わろうとしても、それを制度的に可能にする環境がなければ、実際の援助につなげることはむずかしい。まずそれぞれの自治体において、子どもの育ちと子育てを支えていこうとするビジョンを共有し、そのビジョンに基づいた行政計画を策定する。そのうえで各担当部局が専門とする事業をとおして子どもと家庭にアプローチする仕組みがなければならないということである。子ども家庭支援は、住民の生活に最も近い基礎自治体を基盤として展開されることが望ましいからである。

　そのひとつが、要保護児童対策地域協議会等のネットワークの活用である。要保護児童対策地域協議会の運営はすでに児童福祉法に規定されていることもあり、ほとんどの自治体がその仕組みを有している。子どもを家庭の形態や親の状況で判断せず、子ども自身の状況を客観的に判断できる場所として、関連機関が情報共有を行い、効率的に援助する仕組みとして活用していくことが望まれる。

　また、類似したサービスや事業を整理し、支援を希望する住民や利用者に対して助言を行うコンシェルジュ的な役割を担う調整機関も存在する。すでにいくつかの自治体では、保育士資格を有した職員が相談の仲介や調整を担当している。

　現在、国は「妊娠期からの切れ目のない支援体制の充実」を掲げて、都道府県を通じて市町村内での妊娠期からの相談体制の構築を進めている。実際には、母子保健部局を中心にすでに新生児訪問事業や乳児全戸訪問事業等の子どもをもつ家庭への

直接的アプローチを通じて、出産直後から子ども家庭相談は開始されている。乳児期から、子育ての悩みだけでなく子どもの発達、親の心理的な悩み等さまざまなことを相談体制のなかで吸いあげることで、児童虐待や子どもの貧困といった子どもの生活を福祉的に損ねる事態を回避することができるからである。

しかし、母子保健として関わるのは、主に子どもが就学前の時期までであり、就学後になると、子どもは学校保健、親側は地域保健へと分断されてしまう。就学前に保育所や認定こども園において保育士が子どもとその保護者との信頼関係に基づいて窓口となって支援ができていても、子どもが小学校に上がることによって、その関係性は切れてしまう。子どもが育つ場所としての家庭をまるごととらえ、一貫した支援を継続して行う体制が整っていないのが実情である。

そのため、子どもがいじめや不登校等の問題を抱えることではじめて支援の現場に登場するといったことになっている。

柏女霊峰は著書『子育て支援と保育者の役割』のなかで、子ども家庭相談体制の整理がまず必要であると以下の4点をあげている[*1]。

① 子ども虐待に代表されるような保護者が相談・介入を希望しない事例に対しても子どもの最善の利益の確保のために必要な介入が速やかに実施できるシステム
② 子どもと保護者の心理治療的援助。心のケアに対応できる社会資源を整備し、援助を希望しない保護者に対して司法によるカウンセリング受講命令を出す等心のケア体制の整備
③ 地域の子育て支援のための多様な在宅福祉サービスや社会資源を用意し、それらの期間を調整しながら子どもの育ちや子育てを支援する機能を市町村単位で整備する
④ 子ども、子育て家庭一般が広く集い、相互に意見交換を行い、自ら問題を解決していく力を育てる居場所機能の整備

実際、子ども家庭支援の内容、対象、実施場所(主体)は多様に存在するが、上記のような子ども家庭相談が整理され、整備

されることによって、保育士として期待されている援助の特性も生かされると考えられる。

令和5（2023）年4月にこども基本法が施行され、令和6（2024）年度からはこども家庭庁発足となり、それにともなって児童福祉法や子ども・子育て支援法の改正も行われたことから、保育所や認定こども園における子育て支援関連の事業も、提供体制確保に関する計画に基づいて実施されている。これからの計画においては、単なる保育供給量の確保だけではなく、貧困家庭や外国にルーツを持つ家庭、ヤングケアラー等の日常生活に困難な状態での子育てを行っている家庭に対する相談支援についても含めて扱うこととなっており、保育士や保育教諭といった実践現場で相談支援を行う専門職の専門性向上が求められている。

2　就学前の子どもの保育・教育を担う施設の整理と保育士資格の位置付け

現在、子ども・子育て支援制度のもとで子どもの保育・教育を行う施設整備や事業展開がなされている。もともと子ども・子育て支援制度下では、新しく幼保連携型認定こども園に多くの保育所や幼稚園が移行することで、0〜5歳までの一貫した育ちの場の確保を進めてきている。令和5年4月より、こども家庭庁が発足し、厚生労働省管轄であった保育所行政が幼保連携型認定こども園とともに足並みをそろえる形で運用されている。幼稚園においても子ども・子育て支援法に関係する事業はこども家庭庁によりまとめられており、以前よりも一元化した就学前の子どもへの保育・教育が展開されている。

いずれの形態においても、子ども家庭支援を行うことが、子ども・子育て支援法には規定されているものの、それぞれの保育観や運営方針により、保育者が行う援助を統一的に論じることはできない。保育時間や保育内容の違いは、そのまま家庭や保護者の考え方の相違につながっており、それぞれが求める子ども家庭支援の内容も異なっているが、こども家庭庁の創設は、「こどもまんなか社会」実現に向けて、保育者としての保育士養成の重要性を高めている。

3つの施設型事業だけでなく、現在の制度には、地域型保育

事業や企業主導型保育事業等の複雑な保育事業が同時に存在しており、利用者の理解だけでなく、そこで働く保育士自身の職業意識や就労観にも大きな違いとなっているが、子ども家庭支援という援助は、こども家庭ソーシャルワーカーの創設もあり、保育士の業務として認識されており、虐待の早期発見や対応などの専門的援助を担う資格として、期待されている。

　こども家庭ソーシャルワーカーの資格は、主に児童相談所等で相談業務を担う児童福祉司の任用資格として求められるものであるが、保育士も指定機関の研修を受けることなどにより得ることができる。保育士は福祉の専門職であり、保育所等の保育の現場での実践をとおして子どもや家庭と関わるなかで、彼らがもつ問題や悩みに耳を傾け、共感・受容したうえで、さらに支援が必要な場合は専門機関につなぐことができるソーシャルワーカーとしての働きを担っており、必要とされている資格である。

　このような業務を担う保育士と、自分の子育て経験を基礎とした育児のノウハウに頼っている無資格の保育者が同列に扱われていることには、大きな違和感をもたざるを得ない。保育士は子ども家庭支援を行う専門知識と技術を有している。このことを多様な保育事業や施設運営のなかで明確に認識できるようにする必要があるだろう。経験年数や研修受講によってキャリアアップする仕組みを設けるとともに、国家資格である保育士資格の優位性を明確に掲げ、それを反映した子ども・子育て支援制度を運用していくことが望まれる。

第2節　子育ち・子育てに対する社会の意識

　保育所保育指針の改定にともない、保育士養成課程科目が見直され、平成31(2019)年度より新カリキュラムによる保育士養成が開始されている。保育士が子ども家庭支援を行う専門職として、これからの子ども・子育て支援制度のもとで機能していくためには、児童福祉法改正で明記された「子どもの最善の利益」が、日本の子ども家庭福祉におけるすべての対応におい

て行われなければならない。

　また、子ども・子育て支援法第2条には、「子ども・子育て支援は、父母その他の保護者が子育てについての第一義的責任を有するという基本的認識の下に、家庭、学校、地域、職域その他の社会のあらゆる分野における全ての構成員が、各々の役割を果たすとともに、相互に協力して行われなければならない」と書かれている。このことは社会全体での子ども・子育てを行うことを意味しており、社会は子どもと家庭を支援することがここに含まれていると理解することができる。

　前述したように現行の子ども・子育て支援制度では、保育・教育施設の三元化あり、地域型保育事業等多様な保育・子育て支援サービスありという複雑な状況を呈しており、さらに、それらは地方公共団体における関係機関、民間団体等の多様な担い手によって、複数の場所で実施されている。

　このサービスが多様に存在するということは、利用者である子どもと家庭にとっては、利便性が高くなり、多様なニーズに対応したユニークな保育を利用できるというメリットにつながる。個々の家庭生活の実情や子育ての考え方によって、複数の選択肢から自由に選ぶことができれば、さらに満足度は高まるかもしれない。

　しかし、子ども家庭支援の最終的な受け手は、親や家庭ではないことを忘れてはならない。平成28(2016)年の改正児童福祉法において児童の権利に関する条約の主旨をふまえることが明記され、より子どもの権利擁護の視点での養育環境の確保の重要性が謳われているという意味を考えると、子ども家庭支援の真の対象は「子ども自身」であり、親や家庭はその子どもの育ちをよりよく支援し、増進していく環境として機能していくものであるといえる。

　保育所や認定こども園の利用を決定するのは保護者であるため、保護者と事業提供者の契約や取り決めは必要であるし、この制度を運用するうえで法律や規制等の公的関与は当然必要である。しかし、最も現代社会において醸成しなければならないのは、子どもの育ちを大切に考えるという根本的な姿勢をもつための自律意識ではないだろうか。

　例えば、現在の制度下では、待機児童が存在し保育需要があるところにおいては、認可保育所設置の基準に違反していない

新規の開設をできるだけ認可していくこととされている。そのため、実質的な保育室空間には窓が1つもないオフィスビルであっても、間仕切りを腰高の壁にしてあるなど、採光が20メートル遠くの窓からであっても「一室とみなす」とされ、保育室として認可されている。

　法律に違反していないから自由にやってよいと考えるか、法律上問題はないものの、1日中、蛍光灯の下で過ごす子どもの姿は適切であるのだろうかと一度立ち止まるべきとするか、道は2つある。このような保育環境で本当によいのか、それは本当に子どもの育ちにとって適した環境であるのかと保育事業者や認可する自治体が自問自答し、本当の意味での最善の利益を考えることが、我々おとなや社会の責任ではないだろうか。そこで保育を行う保育士自身が疑問に思い改善していく力となることも期待したい。

　この意識の醸成は社会全体で子育てを担う、子どもと家庭を支援するという意識を皆で共有しなければ実現できない。保育士は子どもの最も近くで日々、保育を担い、子どもの代弁者となって声をあげることができる存在であることを再認識し、社会全体の子ども家庭支援の実現のために専門性を高めるよう研さんに努めていくことが求められている。

 学習のふりかえり

1 市町村における子ども家庭相談の体制や仕組みをふまえた動き方を意識する。

2 子どもの最善の利益を保障する関わりとはどのようなものかを考え、保育士自身の価値を再認識する。

引用文献：
＊1.　柏女霊峰『子育て支援と保育者の役割』フレーベル館、2003年、153頁

II 子育て支援

第1章

保育士が行う
子育て支援の特性

学習のポイント

　本章では、保育士が行う保育の専門性を基盤とした保護者への子育て支援の特性を学ぶ。特に、1.子どもの最善の利益の意味を深くとらえながら、保育と関連して展開される「子どもの保護者に対する保育に関する指導」について学習する。さらに、2.実践における保護者との相互関係や信頼関係を日常的・継続的な関わりを通じて形成すること、3.家庭が抱える支援ニーズを多面的にとらえること、4.子どもや保護者が多様な他者と関わる機会や場を提供することについて理解を深める。なお、保育の専門性を基盤とした保護者への子育て支援は、保育所以外の児童福祉施設でも発揮される役割であるが、保育所保育指針にはその定義と原則が明確に示されていることから、保育所の取り組みを中心に解説する。

第1節 子どもの保育とともに行う保護者を対象とした子育て支援

　保育士が行う子どもの保護者に対する保育に関する指導（以下、子育て支援）の原則は、保育所保育指針解説（以下、保育指針解説）において以下のように示されている。「保護者が支援を求めている子育ての問題や課題に対して、保護者の気持ちを受け止めつつ行われる、子育てに関する相談、助言、行動見本の提示その他の援助業務の総体を指す。子どもの保育に関する専門性を有する保育士が、各家庭において安定した親子関係が築かれ、保護者の養育力の向上につながることを目指して、保育の専門的知識・技術を背景としながら行うものである」（第4章　子育て支援）。

　そして、保育士による子育て支援には、「子どもの最善の利益を念頭に置きながら、保育と密接に関連して展開されるという特徴がある」（第4章　子育て支援）とある。

　本節では、「子どもの最善の利益」と子育て支援の関係を確認したうえで、保育と密接に関連して展開されるという保育士による子育て支援の特徴について、保育士の役割と実践、効果の観点から解説する。

1　「子どもの最善の利益」と子育て支援の関係

　「子どもの最善の利益」とは、「児童の権利に関する条約（子どもの権利条約）」[注1]の第3条第1項に定められている原則である。同条約の第3条には、子どもに関するすべての措置は、いずれの社会福祉施設、裁判所、行政当局等においても子どもの最善の利益を主として考慮するとされ（第3条第1項）、締結国は、子どもの保護者の権利および義務を考慮に入れて子どもの福祉に必要な保護や養護を確保することが示されている（第3条第2項）。

　さらに、同条約の前文や第18条第2項には、以下のように家族や親が子どもの成長や福祉の環境として責任が果たせるよう援助が必要であること、締結国には家族や親を援助する責任

注1
「児童の権利に関する条約（子どもの権利条約）」は、平成元(1989)年に国際連合が採択し平成2(1990)年に発効し、日本は平成6(1994)年に批准した。それ以降、日本においても特に第3条第1項に示される「子どもの最善の利益」の原則は、子どもに関連する法律等に明記されるようになり、平成28(2016)年改正の児童福祉法第1条には、子どもが権利の主体であることが明確に示された。また、保育所保育指針においても第1章保育所保育に関する基本原則(1)保育所の役割において、保育所が「入所する子どもの最善の利益を考慮し、その福祉を積極的に増進することに最もふさわしい生活の場でなければならない」ことが示されている。

があることが明記されている。

児童の権利に関する条約
前文
　家族が、社会の基礎的な集団として、並びに家族のすべ
ての構成員、特に、児童の成長及び福祉のための自然な環
境として、社会においてその責任を十分に引き受けること
ができるよう必要な保護及び援助を与えられるべきである
ことを確信し、児童が、その人格の完全なかつ調和のとれ
た発達のため、家庭環境の下で幸福、愛情及び理解のある
雰囲気の中で成長すべきである……

第18条第2項
　締約国は、この条約に定める権利を保障し及び促進する
ため、父母及び法定保護者が児童の養育についての責任を
遂行するに当たりこれらの者に対して適当な援助を与える
……

　このことから、児童の権利に関する条約は、家族、特に親を
含む保護者には、権利の主体である子どもの健やかな育ちと福
祉を支える責任があることを示すとともに、その保護者の子育
てを国が支えるという子どもを中心とした重層的な支援関係を
示しているといえる。

　しかし保護者は、親になった瞬間からその子に応じた関わり
を発揮できるわけではない。母親は、出産直後から自分が親と
してどのようにふるまう必要があるのかを知っていても、その
時期はまだ子育ての手段や方法が確立していない（氏家1996）。
一方で、生後間もない乳児は、成長発達に他者による適切な関
わりを含む環境からの応答を要するが、「泣く」などによりお
となの養育行動を引き出している（小西2003）。子どもと母親
は相手に応じて反応し、互いに強く影響し合いながら発達して
いくこととなり、父親も同様に子どもに関わることにより親と
して発達していく（柏木2013）。

　つまり、乳幼児を育てる保護者は、家族のなかに子どもとい

う存在を迎え、親としての役割の果たし方、その子に応じた関わり方を身につけていく過程にある。子どもという新たなメンバーを迎えた家族は、家族の構成や関係、それぞれの役割、機能が変化し、「慣れていない」ことにより不安定な状態に陥りやすい。そのため、親がその子に応じた適切な関わり方を見い出し、親子が家族として安定的な関係をつくるまでの道のりを支える仕組みが必要となる。児童の権利に関する条約は、そのような家族が子どもを育てる力を発揮できるよう援助することが国の責任であり、それは子どもの最善の利益を含む子どもの権利の保障を促進すると述べている。

さらに、子どもの権利委員会[注2]は、「子どもの権利の実現は、相当程度、そのケアに責任を負う者のウェルビーイングおよびそのような者が利用可能な資源に依拠している」[*1]と指摘し、子どもの権利の実現への保護者のウェルビーイングの影響を認めることは、家族や保護者を対象とした援助およびサービスを計画する際の健全な出発点であるとした。

このような見解をふまえれば、子どもの最善の利益を含む子どもの権利保障は社会全体で実現すべき原則であり、保護者の子育てを支援することは、その実現を支えるために必要な手段であるととらえることができる。また、子育て家庭への支援の計画や展開は、「子どもの権利の実現に保護者のウェルビーイングが影響する」という原理に基づくと考えられる。ただし、何を「子どもの最善の利益」ととらえるのかについての具体的な判断は、児童の権利に関する条約においても明らかにされていない。「その子にとって何が最善の利益なのか」については、子ども自身、保護者、保育士等専門職、その他のその子に関わる人々により、多様な観点からいまこのときと将来の利益、双方について検討することが求められる。

保護者は、就寝前の子どもの癖など、保育士等が知らない情報や子どもとの経験をたくさんもっており、その子の「専門家」であるといえる。保育士は、子どもの発達や成長を支えるための専門知識や技術をもった専門職である。その子にとって何が最善であるかは、その時々に子どもの育ちを見通しながら、子どもと保護者、保育士、周囲の人々で協力し、それぞれの情報をすり合わせて見い出していくことが必要となる。

加えて、保育士が子育て支援を行う際には、家庭における「子

注2
正式名称は、国連・子どもの権利委員会。
児童の権利に関する条約を批准する国々の実施状況を確認している。

どもの最善の利益」は必ずしも「子ども最優先」ではないこと
を理解しておくことが求められる。保育所等児童福祉施設は、
保育所保育指針(以下、保育指針)の第1章(1)にみるように「子
どもの最善の利益」の考慮が原則に示されている。「子どもの
最善の利益」を保障するように施設がつくられ、保育士他職員
が配置され、日々の保育の計画に基づき保育が展開されている。
すべてが「子どもの最善の利益」の保障にむかっており、そこ
では子どもが最優先であることとの齟齬は少ない。

　しかし、家庭の日常の暮らしのなかでは、「常に子どもを最
優先にする」ことが成り立たない状況もあり、子どもと保護者
の双方の都合を調整しながら生活を成り立たせなくてはならな
い。いまこのときに子どもを最優先にすることが、子どもの将
来の「最善の利益」に結びつかないこともある。「子どもの最
善の利益」の判断においては、このような家庭と保育所のあり
方の違いを考慮することも重要となる。

2　保育と関連して展開される子育て支援

　保育士が行う子育て支援は、「子どもの最善の利益を念頭に
置きながら、保育と密接に関連して展開されるところに特徴が
ある」(保育指針解説　第4章　子育て支援)。本節では、保育
士が行う保育と子育て支援の関連について、保育士の役割、保
育士が行う実践とその効果の観点から解説する。

　児童福祉法において保育士の役割は、「専門的知識及び技術
をもつて、児童の保育及び児童の保護者に対する保育に関する
指導を行うこと」(児童福祉法第18条の4)と定められている。
保育士は、「保育」と「児童の保護者に対する保育に関する指
導(子育て支援)」という2つの役割をひとりの「人」のなかに
有することとなる。そして2つの役割は、保育士が意識的に関
連させながら、また無意識に相互に影響し合いながら実践のな
かで発揮されている。例えば、保育士が有する保育の専門職と
しての価値[注3] は、子育て支援における保護者の理解や援助行
為に影響する。

　より具体的な例をあげれば、保育士の「子どもの最善の利益」
の理解は、子育て支援の実践において、保育士が保護者の子ど
もへの関わりをどのようにとらえるかにも反映する。「子ども

注3・・・・・・・・・・・・・
　専門職の「価値」とは、
個人がもつ価値観ではな
く、岩間(2012)は実践の
根拠となるものであり、「援
助を方向付ける理念・思想・
哲学」と説明している。

の最善の利益」＝「子ども最優先」ととらえるならば、「子ども最優先」を軸にして保護者の行動を評価することも多くなる。すべての保護者に対して、「子どもは待っているのだから、スーパーに寄る前に保育所に子どもを迎えに来るべきだ」という思いで接するなどである。一方、保育士が「子どもの権利の実現に保護者のウェルビーイングが影響する」と考えているならば、先にスーパーに立ち寄る保護者側の事情も聴き、その後に子どもの思いと保護者の事情を調整するという援助も成り立つ。

　このようにひとりの保育士のなかにある保育と子育て支援の役割を、意識的に関連させることは可能であるが、それらを切り分けることは困難である。そのため保育士には、保育と子育て支援という2つの役割が自身のなかで影響し合っていることを自覚することが求められる。保育士自身が、実践を他の保育士に話すことや書き出すことで、主観を対象化して客観的な観点から振り返り、自身のなかにある保育と子育て支援の役割の相互の影響を明らかにしていく作業が重要となる。

　保育と子育て支援の関連は、保育士が行う実践にも認められる。保育士が行う子育て支援には、保護者を支援することを意識して行われる取り組みと、保育の取り組みが保護者に影響し、結果として子育て支援になるという2つの形態がある（橋本ら2011）。

　前者の例としては、保育指針第4章に示されている「保育の活動に対する保護者の積極的な参加は、保護者の子育てを自ら実践する力の向上に寄与することから、これを促すこと」がある。ここでは、保育士は子育て支援を意識して保護者に保育体験の場を提供し、保護者が子どもの発達段階や状態をとらえられるように解説するなどの援助を意識的に行う。保育士は、保育と子育て支援における役割を整理してとらえたうえで、それらを関連させながら展開することとなる。

　一方で保育所では、保護者が送迎時などの保育場面に遭遇するなかで保育士の子どもへの関わり方を見て自然に模倣するようになることがある。保護者が子どもと話すときにしゃがむようになる、子どもの話すテンポに合わせてうなずくようになるなどである。これは保育士が意識していなくても保護者の子どもへの関わりを支えていることになる（橋本ら2011）。保育士が、実践のなかの保育と子育て支援の関連を見い出しながら取

り組むことで、保育と子育て支援の一体的かつ効果的な展開がより可能となる。

　さらに保育士には、子ども、保護者、保育士という三者関係を意識して子育て支援を行うことも求められる。前項で述べたように、子どもと保護者は相手に応じて反応し、互いに強く影響し合いながら発達していく。保育のなかで子どもは、保育士を含む周囲の環境との相互作用により変化し、その変化が保護者に影響を与える。また保育士が保護者の子育てを支えることで保護者の子どもへの関わりに変化が生じ、子どもに影響することもある。子どもや保護者の変化や反応を保育士がとらえ、保育士は子どもや保護者へのはたらきかけを変えていく（図Ⅱ-1-1）。このように保育と子育て支援は、そのあいだで交互作用や効果の循環が生じるという特性を有している。

　つまり、保育士による保育と子育て支援は、ひとりの専門職が発揮する役割、1つの場で展開される実践、その効果、いずれにおいても連動するといえ、保育士は、保育の質が子育て支援に強く影響することを理解しておく必要がある。ただし、その他の児童福祉施設などによっては、保育担当と子育て支援担当に業務を分けていることもあり、その場合は業務としては保育と子育て支援が分離されつつ、担当者間で連携して家庭を支えることとなる。

図Ⅱ-1-1

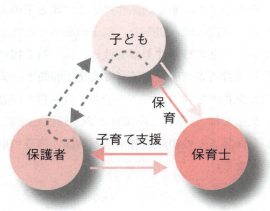

作成：橋本

第2節 日常的・継続的な関わりを通じた保護者との相互理解と信頼関係

　保育指針では、「保育所における保護者に対する子育て支援は、全ての子どもの健やかな育ちを実現することができるよう、(中略)子どもの育ちを家庭と連携して支援していくとともに、保護者及び地域が有する子育てを自ら実践する力の向上に資する」(第4章　子育て支援)と示されている。つまり、保育士には、「子どもの健やかな育ちの実現」と「保護者及び地域が有する子育てを自ら実践する力の向上」を目的として、家庭と連携することと、家庭や地域の力の発揮を支えることという2つの態勢が求められている(図Ⅱ-1-2)。

　連携においては、保育士は対等な関係性を意識しながら保護者と協力することが必要となるが、このような協力者であることと、対象の力の発揮を支える支援者であるという2つの態勢は、介護福祉士、社会福祉士、公認心理師等の対人援助職も有している。

　ただし保育士は、日常のなかで子どもと保護者の関係に介在しながら保護者と協力して子どもの健やかな育ちを支えつつ、必要に応じて保護者の力の発揮を支えている。保育士は、保護者との協力関係をつくり、親子の関係をとらえ、親と子の状態を見極め、その親子の状態と関係性に応じて親と子の力の発揮を支えるという一連の取り組みを、親子の暮らしのなかで継続的に行っている。その日常性や継続性は、他の対人援助職の支援とは異なる保育所等の保育や子育て支援の特質といえる。特に、常態的に保育所を利用している子どもの保育と保護者に対する子育て支援では、日常性と継続性という特性を常に意識し、生かしながら保護者との相互理解や信頼関係の構築に取り組むことが重要となる。

図Ⅱ-1-2

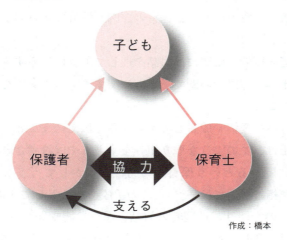

作成：橋本

1　日常的・継続的な関わりを通じた保護者との相互理解

　保育指針においては、「日常の保育に関連した様々な機会を活用し子どもの日々の様子の伝達や収集、保育所保育の意図の説明などを通じて、保護者との相互理解を図るよう努める」（第4章2(1)ア）ことが求められている。

　また内閣府令の児童福祉施設の設備及び運営に関する基準[注4]の第36条には、保育内容の条項（第35条）と分けて保護者との緊密な連絡に関する保育所長の努力義務が定められている。このことは、保護者と保育所の緊密な連絡による相互理解が、子どもの福祉や育ち、その連続性を支えるために非常に重要であることを示している。

　保護者と保育士の相互理解とは、どちら側からも相手に状況や思いを伝え合い、相手の反応や思いを受け止め、違いを含めて認め合うことと考えられる。ただし情報が双方向で行き交うためには、保育士側が保護者との「対等な関係性」を意識して保つことと、保育士側からの「きっかけづくり」が求められる。保育士は職務として保育や子育て支援を行っており、保護者との相互理解を実現する責任は保育士側にあることを認識しておく必要がある。保育指針解説の第4章2(1)アでは、家庭と保育所が互いに理解し合い、その関係を深めるための保育所側の取り組みとして次の5点があげられている。

・保育士等が保護者の置かれている状況を把握し、思いを受け

注4……………
　保育所保育指針は、「児童福祉施設の設備及び運営に関する基準」の「保育所における保育は、養護及び教育を一体的に行うことをその特性とし、その内容については、内閣総理大臣が定める指針に従う」（第35条）という条項に基づき策定されている。

止めること
・保護者が保育所における保育の意図を理解できるように説明すること
・保護者の疑問や要望には対話を通して誠実に対応すること
・保育士等と保護者の間で子どもに関する情報の交換を細やかに行うこと
・子どもへの愛情や成長を喜ぶ気持ちを伝え合うこと

　保育士は、このような取り組みを子どもや保護者と継続的に日常的に関わるという保育所の特性を生かして行うこととなる。保育指針解説では、そのための手段や機会として、「連絡帳、保護者へのお便り、送迎時の対話、保育参観や保育への参加、親子遠足や運動会などの行事、入園前の見学、個人面談、家庭訪問、保護者会」（第4章2(1)ア）などがあげられている。

　これらの手段や機会の活用にあたっては、「保護者の子育てに対する自信や意欲を支えられるように、内容や実施方法を工夫することが望まれる」（保育指針解説　第4章2(1)ア）。つまり、保育所が有する多様な資源や機会をそのまま子育て支援に用いるのではなく、子育てと保育の違い、家庭と保育所の機能の違いを考慮し工夫しながら活用していく必要がある。

　さらに、前節で述べたように保育と子育て支援の役割や実践は、不可分であることも多い。運動会は、子どもの運動発達や友だちと共に取り組むという社会性の発達等を目的として行われるが、運動会に参加する保護者と保育士間、保護者間の交流の場や、保護者が子どもの成長を確認する場としても機能している。子育て支援をより効果的に展開するためには、保育と子育て支援の関連を意識しつつ、保育所が子どもの保育のために行っていること、用いている手段を子育て支援の観点から見直し活用していくことも重要となる。

　相互理解は、一朝一夕では成立しない。日々のなかでの取り組みや話、関係を翌日に持ち越せること、小さい「やりとり」を積み重ねていけるということが、保育所や保育士の子育て支援の特長であり、その強みを子育て支援のなかで最大限に生かしていくような工夫が求められる。日々のあいさつ、スモールトーク、連絡帳などを通じて意識的に関係をつくっていく、深めていくという取り組みが欠かせない。

　それは、特別な支援を必要とする家庭も同様であり、日常の

相互理解にむけて取り組みつつ、並行して個々の家庭が必要とする支援を行ってくことになる。このような事例では、家庭が、保育士や保育所からの指摘等を警戒して日々のやりとりを拒むことも少なくない。また、相互理解のための日々の小さなやりとりが、家庭の困りごとを直接的に解決することは少ない。しかし、相互理解のための取り組みの積み重ねが個別的な支援の効果を支えることを理解し、保育所が有する手段や機会を工夫して関係づくりの糸口を見い出す努力が必要となる。

2　日常的・継続的な関わりを通じた保護者との信頼関係

　保育指針では、「保護者に対する子育て支援を行う際には、各地域や家庭の実態等を踏まえるとともに、保護者の気持ちを受け止め、相互の信頼関係を基本に、保護者の自己決定を尊重する」ことの必要性が示されている。また保育指針解説の「保護者に対する基本的態度」（第4章1(1)ア）では、「保育士等が守秘義務を前提としつつ保護者を受容し、その自己決定を尊重する過程を通じて両者の間に信頼関係が構築されていく」と記されている。

　ケースワークにおける7つの原則を示したバイステック（Bestek, F.P.2006）は、秘密保持、受容と自己決定の尊重を、援助関係を形成するための原則であるとした[注5]。このことから、援助関係が自己決定の尊重の基本になるのではなく、秘密保持、受容や自己決定の尊重によりソーシャルワーカーと利用者の援助関係が形成されていくととらえることができる。そして、保育指針解説が示すように信頼関係もまた、関係のない状態から言語的、非言語的なコミュニケーションを通して相互関係のなかでつくっていくものである。

　バイステックが示す「援助関係」と信頼関係は同義ではないが、この援助関係の形成とその原則の関係を用いて考えるならば、保育士と保護者間の信頼関係は、保育士が守秘義務を前提としつつ保護者を受容し、その自己決定を尊重することにより構築されていくと考えられる。つまり、子育て支援は、保護者と保育士の間で信頼関係をつくってから援助がはじまるのではなく、信頼関係をつくっていくその過程が子育て支援の過程と

注5・・・・・・・・・・・・・・・・・
　バイステックが示した7つの原則は、「個別化」「意図的な感情の表出」「統制された情緒的関与」「受け止める（受容）」「非審判的態度」「クライエントの自己決定」「秘密保持」である。

ともに展開されていくといえる。

　一方で、実践においては、信頼関係を構築することにむずかしさを感じることも少なくない。保育所においては、信頼関係のない状態で支援を行わなくてはならないこともある。特に前項で述べたように、子育てに困り感を有しつつも専門機関を警戒しているような家庭との関係づくりは、信頼関係の構築に多くの労力を要することもある。このような信頼関係を構築する以前に支援を展開しなければならないときも、保育士は保護者を信じるところから支援をはじめることしかできない。

　信頼関係は相互関係のなかで構築されるものであり、一方が相手を信頼しはじめなければ信頼関係は構築されない。保育士が保護者を信じ、その姿勢を示すことは、保育士側から信頼関係をつくっていくということになる。ただし、このときの保護者を信じる姿勢とは、保護者のすべてを受け入れるということではない。保護者が親になる力を有していること、親としての潜在的な力、親としてなんとかやっていきたいという思いを信じることが求められる。

　前節で述べたように、親は子どもとの相互作用をとおして互いに強く影響し合いながら親として発達していく。第一子のときに不安そうに両手で子どもを抱いていた親が、第二子のときには片手でその子を抱き、もう片方の手で第一子の手をつないで慣れたようすで保育室に入ってくる姿を見る。いま、ほかの保護者が行うような親としての役割を発揮できていなくても、その保護者が保育所に子どもを預けに来る、地域子育て支援の活動に子どもを連れて参加しているということは、その保護者は親でありたいという思いを有している。保育士は、その保護者の親としての思いを信じるところから信頼関係を構築していくこととなる。

　信頼関係の構築においても、保育所の子育て支援の特性である日常性や継続性を意識し、活用して取り組む必要がある。保育指針解説には、「保育所における保護者とのコミュニケーションは、日常の送迎時における対話や連絡帳、電話又は面談など、様々な機会をとらえて行うことができる」（第4章1(1)ア）とある。保護者との相互理解を深めていく取り組みと同様に、小さい「やりとり」を積み重ねていけること、会話や関係を翌日に持ち越せるという保育所の子育て支援の特長を生かし、親子

の日々の暮らしのなかで信頼関係を築いていくことが必要となる。

第3節 家庭が抱えるニーズへの気づきと多面的な理解

　保育所における子育て支援には、大別して、乳幼児を育てる保護者が親になっていく道のりを支えるための「保育所を利用するすべての家庭を対象とした支援」と、特別なニーズを有する家庭への「個別的な支援」がある。

　前者は、排泄の自立時期の親子間の葛藤、第二子誕生による家族関係の変化、保護者同士の関係の葛藤など、乳幼児を育てる多くの家庭が遭遇する困りごとに取り組む保護者への支援である。また後者の例としては、子どもの障害や発達に課題がみられる家庭、外国籍家庭や外国にルーツをもつ家庭、保護者に育児不安等がみられる家庭、不適切な養育等が疑われる家庭があげられている（保育指針解説　第4章2(2)イ、ウ、2(3)）。

　当然のことながら、「個別的な支援」を必要とする家庭も、すべての家庭が遭遇する子育ての困り感を有している。「すべての子育て家庭への支援」「個別的な支援を必要とする家庭への支援」、いずれにおいても保育士が保護者のニーズに「気づく」こと、そしてそのニーズを多面的に理解していくことが、支援の適切さや効果を支える。

1　家庭が抱えるニーズに「気づく」

　保育指針解説の「第4章　子育て支援」の原則では、「保護者が支援を求めている子育ての問題や課題に対して、保護者の気持ちを受け止めつつ行われる、子育てに関する相談、助言、行動見本の提示その他の援助業務の総体を指す」と記載されている。

　「保護者が支援を求めている子育ての問題や課題」とは、保護者が申し出たことのみを意味するのではない。実際の保育所において子育て支援が開始されるきっかけとしては、家庭が抱

えるニーズに気づいた保育士からのはたらきかけ、支援の必要を感じた地域の人やほかの専門機関からの連絡などもある。

　子育ての何に困っているのか、すべての親が自身で理解しているとは限らない。前節で述べたように乳幼児の保護者は、親になってもその子に合う関わり方をまだ見い出せていないこともあり、それが親になる自然なプロセスである。自身の親としてのあり方に確信がもてないこと、漠然とした不安感や負担感を抱えていることなどが影響して、小さなことで子どもとの関わりがうまくいかなくなることもある。

　保育士は、日常のなかで継続的、対面的に接するからこそ、そのような保護者の「いつもと違う」ようすに気づくことができる。その意味で保育士は、他の専門職と比較して保護者が困っていることに「気づける」機会を多く有する専門職といえる。

　そして保育士は、子どものエピソード等をたくさんもっており、それをきっかけに保護者に声をかけることも多い。例えば、保育士が送迎時にいつもとは異なる保護者のようすに気づき、「きょうね、Ｅちゃんトンボを見つけて、“すぃーふわっ”てトンボの飛び方をとてもユニークに表現していましたよ」と声をかけるなどである。「困っていること」に直接関わらないちょっとした声かけだからこそ、保護者が保育士のはたらきかけに応答し、それをきっかけとして保護者の状況や心情が把握されることがある。

　ただし、それは保護者の困りごとを常に探り当てるということではない。保護者が日常の保育士とのやりとりを通じて漠然とした不安や負担感を少し客観的にとらえること、また大きな困りごとは解決できなくても日々の小さな不安や負担感を緩和することで、自らの課題に取り組む意欲がもてるよう支えることが、保育所の子育て支援の大半のはたらきといえる。

　そのためには、喜びのようなポジティブな心情だけでなく、疲れや不安などのネガティブな感情を含めて、保護者が素直に表現できる組織の雰囲気づくりも大切である。保護者が、子育てに対してネガティブな感情をもつ自分を、なぜその感情が生じるのかを含めて理解しようとしてくれる場があると体感することは、「自分はここにいていい」と感じることとなる。

　雰囲気は、1人の保育士だけで醸し出せるものではない。その保護者の存在に「気づく」、状態や状況を「気にかける」と

いう風土を施設の長や主任を核としながら、非常勤職員等も含めて組織全体でつくっていくことが必要となる。

2　家庭が抱えるニーズの多面的な理解

　保育を基盤とした保護者への支援の対象領域は、「子育て」である。しかし、子育ての不安や負担感、困り感は、子どもや親自身の特性、夫婦関係、親子関係、家計を含む家庭の状態や状況など多様なことが関連して生じていることも多い。

　例えば、次男が生まれたことによる家族関係の変化、母親の産後の体調の変化、長男の第1次反抗期が重なり、「長男への関わりに手こずっている」という家庭、父親の失業と子どもの発達の遅れを心配している家庭などである。同じような困り感であっても、個々の家庭の状況によって必要な支援は異なる。特に、いくつかの要因が複合して生じる子育ての困り感への支援においては、家庭の個別的な状況をていねいにとらえながら、それぞれの困り感や家庭の状況に合わせた対応が求められる。

　適切な支援や連携協力のあり方、方法を見い出すためには、対象を深く理解することが必要となるが、このような対象を深く理解するための手法を「アセスメント」という。「アセスメント」では、保護者が困っていることに取り組むために必要な情報を、保護者と保育士が協力して集め、その情報が子どもの育ちや子育てにどのように影響するのか、取り組みのメリット、デメリットなどを共に確認していく。そこでは保護者が気づいていない保護者が有する資源や能力を含めてとらえていく。

　保育所においては、それらは日常の会話のなかで行われることが多く、翌日の会話に持ち越したり、連絡帳で確認したりするなどを積み重ねながら、保護者と保育士でそのプロセスを共に歩むこととなる。本項では、保育所における子育て支援において対象を深く理解するためのポイントを以下に3点あげておく。

　第1に、家庭のニーズや困り感は、同じようにとらえられる内容でも個々の家庭の状況によって異なることを理解しておく必要がある。例えば、「2歳を過ぎても排泄の自立ができていない」という悩みであっても、子どもの膀胱の機能が発達していなくて身体的な発達を待つ必要がある事例と、第二子が誕生したことにより第一子に退行現象が生じている事例では、取り

組み方が異なる。ここでは、保護者の話や連絡帳の記述に表れる家庭のニーズや困り感を、先入観や個人の価値観で解釈しないことが重要となる。

第2は、個別の家庭の状態や状況を多様な観点からていねいにとらえることである。保育士は、保育を基盤とした子育て支援を役割とするが、既述のとおり、その対象となる保護者の子育ての困り感や不安には、家庭内外の他の状況が影響することが多い。また保護者や子どもが有する人的、物的、自然、状況など、多様な関係のなかから、保護者の子育ての行為のみを取り出して改善することはできない。

まずは、その多様な関係のなかにある保護者の子育ての困り感や不安を、保護者と保育士でありのままに理解していくことが必要となる。保護者が抱える困り感、家庭内の関係、保護者間の関係などを子育てに限定せず広く視野に入れ、保護者と共に状況や影響要因をとらえていく。ただし、保護者が提供を望まない情報や、支援に必要がない情報は収集しない。可能な限り保護者と共に必要な情報を収集していくという姿勢が求められる。

保育士は、そこでとらえられた保護者のすべてのニーズや困り感に対応することはできない。保育士が対応できない保護者のニーズや困り感が把握された際には、その領域の専門職につないでいくこととなる。保護者のニーズや困り感に応じた専門機関がその領域に対応し、それらの専門機関（職）等と連携することで、保育士は保護者の子育てへの支援に集中することが可能となる。

このように保護者のニーズや困り感を多様な観点から理解するためには、保育士や保育所全職員が事前に一般的な情報を把握しておくことが重要となる。例えば、保護者の世代の特徴、保育所を利用する外国にルーツがある家庭の文化や宗教、その地域の歴史や状況、おとなの発達障害や精神障害、虐待の連鎖の影響、アレルギーについてなどがある。

第3は、保育士側から家庭の状況や状態を理解するだけではなく、家庭がその状態や状況をどのようにとらえているのかを理解することである。つまり、保育士側からの客観的な事実に基づく理解のみならず、保護者の側の観点（主観）からその事実を解釈していくことが求められる。その子育ての困り感や不安

は、「保護者が感じている」ことであり、その緩和や解決にむけては、その保護者自身が取り組むしかない。

保育士は共に取り組むことはできるが、保護者に代わって生きていくこと、取り組んでいくことはできない。保育士は、保護者がとらえている事実（主観的事実）を出発点として、そこから保護者と共に取り組んでいくことや保護者の取り組みを支えることとなる。

これは、「保護者が子育てを自ら実践する力の向上に資する」（保育指針　第4章）支援とも関連する。「向上」とは、「ある」ものをよりよい状態にするということである。つまり、保育士には、保護者の内にある親としての力を信じ、保護者がとらえているところを出発点として、その家庭や保護者なりのプロセスで親としての力が発揮できるように共に取り組んでいく姿勢を保つことが求められる。

保育指針解説には、保護者との緊密な連携は「子どもの最善の利益を考慮し、子どもの福祉を重視した保護者支援を進める上で極めて重要である」（第4章2(1)ア）と記されている。子どもの権利委員会が示すように、子どもの権利の実現と保護者のウェルビーイングの相互の影響を認めることが、家族や保護者を対象とした援助の際の健全な出発点ととらえるならば、保護者を理解することは子どもの最善の利益や福祉の実現の端緒になるといえる。

第4節　親子が多様な人々と関わる機会や場の提供

保育指針や保育指針解説においては、親子が多様な人々と関わる機会や場を提供することも保育所の役割であるとされている。例えば、保育指針第4章2(1)イには、「保育の活動に対する保護者の積極的な参加は、保護者の子育てを自ら実践する力の向上に寄与することから、これを促すこと」とある。

保育指針解説では、「保育所を利用している保護者に対しては、保育参観や参加などの機会を、また地域の子育て家庭に対しては、行事への親子参加や保育体験への参加などの機会を提

供すること」（第4章1(1)イ）とされている。これらの取り組みにより「保護者が、他の子どもと触れ合うことは、自分の子どもの育ちを客観的に捉えることにもつながる」（保育指針解説　第4章1(1)イ）。また、保育所が地域に開かれることは、地域のより広い年代の子どもの健全育成にも有効である（保育指針解説　第4章3(2)ア）。

このような子育て支援においては、「子どもと保護者の関係、保護者同士の関係、子どもや保護者と地域の関係」を把握することが必要であり（保育指針解説　第4章）、「それらの関係性を高めることが保護者の子育てや子どもの成長を支える大きな力になる」（保育指針解説　第4章）という。子どもは親を含む身近な環境との相互作用により、新たな気づきを得るなど自らを育んでいく（保育指針解説　第1章1(1)イ）。子どもに直接的に関わる保護者や地域の関係のみならず、保護者同士の関係、保護者と地域の関係は、子どもの成長、発達に影響を与える環境となる。

保護者もまたわが子との関係のみならず、他の保護者、地域の人々、他の子どもとの関係を通じて親になっていく。保育所が親子に多様な人々と関わる機会や場を提供することは、子どもや保護者が育つための環境づくりといえる。

1　保育所を利用する子どもの保護者を対象とした交流の機会や場の提供

保育所において子育て支援を行うにあたっては、「保育及び子育てに関する知識や技術など、保育士等の専門性や、子どもが常に存在する環境など、保育所の特性を生かし、保護者が子どもの成長に気付き子育ての喜びを感じられるように努めること」（保育指針解説　第4章1(1)イ）が求められる。

保育所を利用する子どもの保護者を対象とした交流の機会や場を提供するにあたっても、保育所の特性を生かした取り組みが行われている。例えば、運動会などの行事、保育参観や参加、保護者懇談会などの機会の利用が考えられる。

このような取り組みにおいては、保育所の保育の理念や意図を保護者に伝えることが強調されがちであるが、保育指針解説においては、「保護者同士の交流や相互支援又は保護者の自主

的活動などを支える視点ももちながら、実施することが大切である」（第4章1(1)イ）ことが示されている。つまりここでの保育士の役割は、保護者間の交流や相互支援の促進、主体的な活動の支持である。

保育士は、日常的、継続的にそれぞれの保護者と緩やかな関係を育んでおり、保護者間の交流は、それらの保護者と保育士の関係を媒体としながら広がっていく。保護者間の関係をとりもつために、保護者同士を紹介するだけでなく、保護者同士の会話のきっかけとなるような仕掛けを工夫することもある。

保育所では、その工夫に保育の知識や技術、環境などの特性を生かしている。例えば、保護者同士の会話のきっかけを提供するために、保護者懇談会を行う保育室に泥んこ遊びをする子どものドキュメンテーションを展示するなどである。ドキュメンテーションで示される泥んこ遊びにおける子ども同士の関係を見て、親同士の会話がはじまることもある。

また、保護者の自主的活動としては、保護者主体の行事、保護者のサークル活動などがイメージされることがある。しかし、保育所の保護者は、おおむね就業しており、子育てを含む日常生活と仕事以外の活動を行う余裕がない家庭も多く、保護者のなかから自然にそのような活動が起こることは少ない。そのような状況において、保護者の主体的活動の支持の役割は、個々の保護者の小さな主体的なはたらきに気づき、認めていくことからはじまる。

例えば、ある保護者が子どもの抱っこひもを身に着けるあいだ、ほかの保護者が荷物を持っていてあげることや、ある保護者がベビーカーを押して門を通るあいだ、ほかの保護者が門の扉を開けておいてあげるなどである。保育士は、そのような小さなはたらきにおける主体性を認め、声をかけていく。日常のなかで継続的に他者に認められることで、小さな主体性や自信、効力感が積みあがる。そのような保育士のはたらきは、送迎時、保護者間の交流の機会や場において、保護者が他の保護者の小さなはたらきに目をむけるためのモデルになり、他者のはたらきに目をむけることは協力の契機となる。

また保育士は、保護者の「関心」や生活における「余裕」を見極めながら、無理のない範囲で活動のきっかけを提供する。保護者主体の行事、保護者のサークル活動などに発展しなくて

も、クラスの保護者同士の送迎時の助け合い、保育所以外の日常生活の中での交流などに展開することもある。自主的活動の意味を広くとらえ、その保育所の保護者なりの相互支援や自主的活動を支えていくことが重要となる。

2 地域の子育て家庭を対象とした交流の機会や場の提供

保育指針においては、「保育所は、児童福祉法第48条の4の規定に基づき、その行う保育に支障がない限りにおいて、地域の実情や当該保育所の体制等を踏まえ、地域の保護者等に対して、保育所保育の専門性を生かした子育て支援を積極的に行うよう努める」（第4章3(1)ア）ことが示されている。

「地域における子育て支援に当たっても、保育所の特性を生かして行うことが重要である」とされ、留意事項としては、「保育所の特色、地域のニーズなどに合わせた取組を進めていくこと」「保護者が参加しやすい雰囲気づくりを心がけること」（保育指針解説　第4章3(1)ア）があげられている。

また、保育指針解説においては、保育所の特性を生かして行う地域子育て支援の取り組みとして、保育所の保育体験、給食の試食会、親子遊びや離乳食づくりなどの講座等が例示されている。実際には、園庭開放も多くの保育所で行われている。このような取り組みを行うにあたっては、地域の実情や当該保育所の体制等をふまえて行うことが重要となる。保育所の保育体制に負担がかからないか、地域の他の資源がどのような活動を行っているのかなどを把握してから何に取り組むかを検討する必要がある。

地域子育て支援は、保護者に焦点を当てて語られがちであるが、幼稚園や保育所等に所属しない子どもを取り組みの対象としてとらえることも必要となる。保育所や幼稚園等は、地域のなかで未就学児の成長発達にふさわしい遊び場を提供できるという特徴がある。地域の中で未就園児に相応しい遊び場、遊ぶ機会、他児との交流の機会を提供していくことは、保育という基盤があるからこそより有効に機能する。これは、他の専門職や専門機関とは異なる保育所の特徴を生かした取り組みであり、未就園児が育つ環境をつくるという観点から取り組んでい

くことが求められる。

　保護者に対する支援においても交流の機会や場の提供は有効であり、平成5(1993)年には地域子育て支援拠点事業[注6]が開始され、令和5(2023)年度には全国約8,016か所で取り組まれている。本事業は、保育所が市町村から委託され行うこともあるが、保育所運営費とは異なる事業費が交付されるため、地域子育て支援拠点事業の実施要綱に基づき行うことが必須となる。

　一方で、保育所が独自に園庭開放、保育所の保育体験、給食の試食会、親子遊びなどを通じて、地域の親子が集い交流する機会を提供することもある。保育所が情報を提供するような離乳食講座等の取り組みであっても、子どもや保護者が育つための環境づくりを意識し、そこに参加する親子同士の交流や情報交換を促し、地域の人々と協働することが重要となる(保育指針解説　第4章1(1)イ、3(2)ア)。

　保育指針解説では、「気軽に訪れ、相談することができる保育所が身近にあることは、家庭で子どもを育てていく上での安心感につながる」(第4章3(1)ア)とされている。しかし、実際には、保育所が物理的に身近にあることが、必ずしも安心感につながるとはいえない。保育所が、子育て家庭を含む地域の人々にむけて気軽に訪れられる雰囲気を醸し出していることが重要となる。その雰囲気を地域の人々が感じているならば、転居してきた親子に保育所に行くことを勧めてくれることもある。地域の人々がその雰囲気を感じるためには、日常の保育や行事を通じての地域の人々との小さな関係づくりが非常に重要となる。

　なお、令和6(2024)年度より試行的事業として「こども誰でも通園制度」が開始されている。この事業は、すべての子どもに良質な成育環境を整備し、その育ちを応援すること、多様な働き方やライフスタイルに応じた子育て家庭への支援を強化することを目的として、保育所等を利用していないおおむね6か月から満3歳未満の子どもに、月一定時間まで保育所等において遊びや生活の場を提供する事業である。令和8(2026)年度から子ども・子育て支援法に基づく新たな給付として全自治体での実施がめざされている。

注6
　平成5年には、「保育所地域モデル事業」として創設され、平成19(2007)年に「地域子育て支援拠点事業」として再編、平成20(2008)年には児童福祉法に規定された。主として3歳未満児とその保護者が集う場や交流の場を提供する事業である。

第1章　保育士が行う子育て支援の特性

学習のふりかえり

1 保育士が行う子育て支援は、保育の特性を生かして行うことが求められる。保育の特性とは何か、その深い理解が必要となる。

2 保護者との相互理解や信頼関係の構築においても、関係を積み重ねていけるという保育所等の子育て支援の特長を生かしていくことが重要である。

3 保育士が行う子育て支援における「子どもの最善の利益」の判断においては、家庭と保育所等との機能の違いを考慮する必要がある。

引用文献：
* ＊1. 子どもの権利委員会一般的意見7号「乳幼児期における子どもの権利の実施」子どもの権利委員会一般的意見7号 2005年採択
  http://www.nichibenren.or.jp/library/ja/kokusai/humanrights_library/treaty/data/child_gc_ja_07.pdf

参考文献：
2. 荒牧重人・喜多明人・森田明美・広沢明「第3条 子どもの最善の利益」『逐条解説子どもの権利条約』日本評論社、2009年
3. 「児童の権利に関する条約」https://www.mofa.go.jp/mofaj/gaiko/jido/zenbun.html
4. Bronfenbrenner,Urie(1979)*The Ecology of Human Development :Experiments by Nature and Design*, the President and Fellows of Harvard College All Right Reserved（ブロンフェンブレンナー、U./ 磯貝芳郎・福富護訳『人間発達の生態学』川島書店、25～28頁
5. 鯨岡峻『〈育てられる者〉から〈育てる者〉へ 関係発達の視点から』日本放送出版協会、2002年、161頁
6. 氏家達夫『親になるプロセス』金子書房、1996年
7. 柏木惠子『おとなが育つ条件―発達心理学から考える』岩波書店、2013年
8. 小西行郎『赤ちゃんと脳科学』集英社、2003年
9. 岩間伸之「地域における個別支援の基本的視座」『地域福祉援助をつかむ』岩間伸之、原田正樹、有斐閣、2012年、51頁
10. 橋本真紀・水枝谷奈央・西村真実・高山静子・鎮朋子・山川美恵子「保育相談支援技術の体系化について―保育所の保育相談支援の特性―」『児童福祉施設における保育士の保育相談支援技術の体系化に関する研究（3）』柏女霊峰・橋本真紀・伊藤嘉余子・西村真実・鎮朋子・水枝谷奈央・山川美恵子・高山静子・三浦淳子、日本子ども家庭総合研究所紀要第48集（平成23年度）
11. Biestek, Felix P.(1957)*The Casework Relationship*, Loyala university press,（バイステック、F.P./ 尾崎新・福田俊子・原田和幸訳『ケースワークの原則―援助関係を形成する技法〔新訳改訂版〕』誠信書房、2006年）

Ⅱ 子育て支援

第2章 保育士による子育て支援の展開

学習のポイント

　本章では、保育士が行う子育て支援の展開について学ぶ。特に
1.子どもおよび保護者の状況や状態を把握すること、2.子育て支
援を計画すること、3.子育て支援の環境構成や、4.子育て支援の
具体的手段について理解する。また、5.子育て支援においては、
保育技術に加え保育相談支援技術を活用して支援することを理解す
る。さらに、6.保育士同士や看護師や栄養士などその他の専門職
とも連携・協働して支援を行うこと、7.関係機関や専門職等、地
域の社会資源を活用しながら支援を行うことについて事例をもとに
理解する。

　なお、第1章と同様の理由により保育所の取り組みを中心に解
説する。

第1節 子どもおよび保護者の状況・状態の把握

1 保育士による子育て支援の開始

　子育て支援が開始されるきっかけは、保護者からの相談、保育や保護者との多様なやりとりのなかで子育て支援の必要性を保育士が感じた場面、地域の人や他の専門機関等からの報告などがある。

　保育所保育指針（以下、保育指針）では、保育所を利用している保護者に対する子育て支援について、「日常の保育に関連した様々な機会を活用し子どもの日々の様子の伝達や収集、保育所保育の意図の説明などを通じて、保護者との相互理解を図るよう努めること」と示される。

　保育士は、日常の子どもの保育に加えて、送迎時の会話、保育参観、保育への参加、個人面談、家庭訪問、保護者会など、子育て家庭を直接知る多様な機会があり、子どもや保護者、親子関係、家庭での子育てを知る機会となる。また、連絡帳は日々やりとりができ、家庭のできごとを記入してもらったり、保護者の思いを知ったりすることができる貴重な手段である。

　保護者の疑問や要望に対しては、保育所保育指針解説（以下、保育指針解説）において、「対話を通して誠実に対応すること」と示されている。疑問や要望は、保護者が保育士に支援を求めるニーズであり、問題や課題を解決するための第一歩であると肯定的にとらえ、保護者の気持ちに寄り添って支援を開始することが求められる。

　地域の保護者等に対する子育て支援については、保育指針では「保育所は、児童福祉法第48条の4の規定に基づき、その行う保育に支障がない限りにおいて、地域の実情や当該保育所の体制等を踏まえ、地域の保護者等に対して、保育所保育の専門性を生かした子育て支援を積極的に行うよう努めること」と示される。幼保連携型認定こども園教育・保育要領（以下、教育・保育要領）では、「幼保連携型認定こども園において、認定

こども園法第2条第12項に規定する子育て支援事業を実施する際には、当該幼保連携型認定こども園がもつ地域性や専門性などを十分に考慮して当該地域において必要と認められるものを適切に実施すること」とされている。

気軽に訪れ、相談できる場所が身近にあることは、子どもを育てていくうえでの安心感につながっていく。幼保連携型認定こども園における子育て支援事業や、保育所が地域の子育て家庭を対象とした活動を実施する場合、地域の保護者等が気軽に相談できる存在となるように、意識していくことが求められる。

子育て支援については、図Ⅱ-2-1に示すような展開がある。必要に応じて曲線の矢印のようにフィードバックしながら子育て支援が展開されていく。なお、保育士による子育て支援の展開は、状況によって、保護者と話し合いながら進められる。

2　子どもおよび保護者の状況・状態の把握と分析

保育指針では、保護者に対する子育て支援を行う際には、各地域や家庭の実態等をふまえることや、保護者の気持ちを受け止めて、支援を行うことが示されている。このことについて、

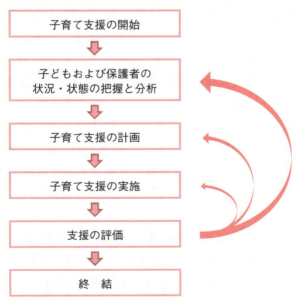

図Ⅱ-2-1　保育士による子育て支援の展開

出典：橋本真紀「保育相談支援の展開過程」保育士養成講座編纂委員会『〔改訂2版〕家庭支援論』、全国社会福祉協議会、2015年、194頁より水枝谷作成

保育指針解説では保育士に対して、「一人一人の保護者を尊重しつつ、ありのままを受け止める受容的態度が求められる」と説明される。

そこでは「不適切であると思われる行動等」について、そのような行動も「保護者を理解する手がかり」とする姿勢が求められると示されている。保育の知識や技術をもつ保育士から見ると、不適切であると考えられる行動等については、なぜそのような行動等をしているのかという保護者を理解する大切な手掛かりととらえることで、保護者が置かれている現状をより保護者の立場で理解できるようになり、それは一人ひとりの保護者や子どもにより適した子育て支援を展開することにつながっていく。

保育指針では、「保護者に育児不安等が見られる場合には、保護者の希望に応じて個別の支援を行うよう努めること」と示されている。現代の子育て環境の特徴として、少子化や核家族化、地域内におけるつながりの希薄化が進むなかで、子育てをするうえで孤立感を抱く人や、子どもに関わったり、世話をしたりする経験が乏しいまま親になる人も増えていることがあげられる。

保育指針解説では、「子どもや子育てについての知識がないために、適切な関わり方や育て方が分からなかったり、身近に相談や助言を求める相手がおらず、子育てに悩みや不安を抱いたり、子どもに身体的・精神的苦痛を与えるような関わりをしたりしてしまう保護者もいる」と説明されている。

保育士の子育て支援は、子どもの最善の利益を念頭に置きながら、保育と密接して展開されるところに特徴がある。保育の専門的知識・技術を背景としながら一人ひとりの子どもの発達や内面について理解するとともに、保護者の多様な状態や状況についても、現代の子育て環境のなかで多様な要因が重なり合って生じているととらえ、保護者を理解する姿勢を保つことが求められる。

さらに保育指針では、「外国籍家庭など、特別な配慮を必要とする家庭の場合には、状況等に応じて個別の支援を行うよう努めること」が示されている。外国籍家庭や外国にルーツをもつ家庭、ひとり親家庭、貧困家庭等、特別な配慮を必要とする家庭では、社会的困難を抱えていることも多いため、状況に応

じて個別の支援を行うことが必要となる。

保育指針解説では、「日本語によるコミュニケーションがとりにくい」「文化や習慣が異なる」「家庭での育児を他に頼ることができない」「生活が困窮している」といった問題があるなどの状況が紹介されている。多様な問題が重なり合い、重層化しているケースもあり、子どもや保護者の置かれている状況・状態をていねいに把握し、理解していくことが求められる。

また、多胎児、低出生体重児、慢性疾患のある子どもの場合、保護者は子育てに困難や不安、負担感を抱きやすい状況にあり、子どもの成育歴や各家庭の状況に応じた支援が必要となるため、子どもの発達課題や保護者の思いを含め、ていねいにアセスメントを行う必要がある。

保育士は、保護者の不安感に気づくことができるよう、送迎時などにおけるていねいな関わりのなかで、家庭の状況や問題を把握する必要がある。子どもおよび保護者の状況・状態の把握は、日々の送迎時の会話や観察に加え、連絡帳、保育参観や保育への参加、親子遠足や運動会などの行事、入園前の見学、個人面談、家庭訪問、保護者会などの機会に行われる。

保育中の子どもの姿や家庭における子どもの姿、子どもの発達段階、親子の心身の状態、親子の相互の関わりと具体的行動、家庭の状況、**地域資源**との関係などの状況、状態を把握する。

得られた情報について、保護者との対話のなかで共に整理したり、保育者間で話し合ったりしながら、状況を深く理解し、保護者と共に課題を明確化していく。子どもの気持ちや行動の意味について保育士の視点から推測したり、保護者の思いや真のニーズを把握したり、家庭環境や、地域における課題について検討したりする。

その際、保護者のすでに実現できているよい部分を理解することも重要である。保護者が困っていることは何かを明確にしたり、課題を把握することによって、家庭において保護者は何ができるか、保育所において、保育士には何ができるのかをとらえることができる。また、この作業のなかには、保育士による子育て支援で対応し得る範囲の課題なのか、あるいはその事例において保育士の子育て支援で対応し得る部分はどこなのかということの見極めも含まれる。

なお、把握された状況・状態の分析は、保育所での支援の中

地域資源
　地域における人的・物的・制度的資源のこと。地域資源には、児童相談所、家庭児童相談室などの相談に関する専門的な資源や、保健センター、病院など、健康や発達に関する専門的資源、また、病児保育、子育て短期支援事業、ファミリー・サポート・センターなどの保育に関連する資源、子育てサークル等の当事者や住民による活動がある。近隣の人々や親戚等も、家族にとって大切な人的資源である。

心となる保育士に加え、状況に応じて、看護師、栄養士等の専門性を有する職員や、施設長、主任保育士とも話し合い、共に状況を整理し、検討するということもある。子どもと保護者の状況・状態の把握、分析に関する具体例は、事例1のとおりである。

　また、保護者に不適切な養育等や虐待が疑われる場合について、保育指針解説では、保育者と「保護者との間で子育てに関する意向や気持ちにずれや対立が生じうる恐れがあることに留意し、日頃から保護者との接触を十分に行い、保護者と子どもの関係に気を配り、市町村をはじめとした関係機関との連携の下に、子どもの最善の利益を重視して支援を行うことが大切である」と示されている。日ごろからの保護者とのていねいなコミュニケーションが、子どもと保護者の状況・状態の把握や日々の見守り、保護者と保育士等の関係形成につながっていることを理解して、実施していくことが必要となる。

事例1：登園時の子どもの姿と保護者の会話から開始された子育て支援の展開

事例の内容	展開	展開の具体的説明
朝、泣きながら登園したA君（2歳）。A君の母親は「なかなか靴が履けなくて。最近毎日こうなんです。もう遅刻しそう」と話す。	①子育て支援の開始	・保護者からの話を聞き、保育士が子育て支援の必要性を把握する。
保育士は「教えてくださってありがとうございます。朝から大変でしたね」と声をかける。	④子育て支援の実施	・気持ちを受け止める言葉かけをするとともに受容的態度で接する。
「体調は変わりないですか」と確認すると、「元気です」と話し、急いで保育所を後にした。	②状況・状態の確認	・時間が取れないことから、最低限必要な確認のみ行う。
保育士は、今朝のA君と保護者のようすや、A君の母親から聞いた話について、クラス担任同士で情報を共有する。最近のA君の保育中の姿や、朝夕の親子のようす、連絡帳の内容などについて話し、状況・状態を確認した。	②状況・状態の確認	・クラス担任同士で、保育場面や送迎時のやりとり、連絡帳などを振り返り、子どもと保護者の状況・状態を確認する。
A君については「自分でしたいけれどできない」という思いがあること、母親については「自分でさせてあげたい思いはあるが、時間がないなかで、対応に困っていること」を予測した。	③子育て支援の計画	・保育の視点からA君の気持ちを予測するとともに、子育て支援の視点から保護者の思いを予測する。
そして、1）A君のうまくいかない思いや理由について、保育場面から予測されることを保護者に伝えること、2）保育所でうまくいったときの対応を伝えること、3）保育所でも靴を履くという基本的生活習慣について、一緒に練習していきたいと伝えること、4）話してくれたことに感謝の気持ちを伝えるとともに、今後も家庭のようすを教えてほしいと伝えることを計画した。また、お迎えの際に話ができるように、主任保育士に今朝の親子のようすや、クラス担任間で話し合った内容を伝え、A君のお迎えの時間にフリー保育士	④子育て支援の実施	・保護者の気持ちの受容、子どもの気持ちの代弁、保育所での対応の伝達、保育場面での保育士の対応が必要であり、援助関係における信頼感を獲得しながら継続的に支援ができるように計画を立てる。 ・もう少し情報を収集するため、保護者から話を聞く時間を確保する必要があることが確認される。お迎えの際に他の子どもの保育の状況によらず、保護者と会話ができる時間を確

に保育室での保育に入ってもらえないか、確認をする。		保するために、保育所内での連携体制を整える。保育所や保護者の状況に応じて、当日、もしくは別日に、個人面談を検討することもある。
お迎えの際に母親は、「自分で履きたいというのに、靴がうまく履けなくて。A君はひっくり返って泣いていて。こちらも遅刻しそうでイライラして、『もういい加減にしなさい』と大きな声で強く怒鳴ってしまったんです」と話しはじめた。	②状況・状態の確認	・家庭でのA君、保護者の状況や保護者の思いを聞く。
保育士は、「お話しくださりありがとうございます。朝から大変でしたね。朝は時間がありませんから、そういうとき、余計に困りますよね」と伝えた。	④子育て支援の実施	・保護者の気持ちを受け止める。
母親は、「そうなんです。時間に余裕があるときは待ってあげられますけど、朝は本当にもう。最近こんなことばかりで、毎朝イライラしてしまい、とても憂鬱なんです。どうすればよいかわからなくて」と話す。	②状況・状態の確認	・時間に余裕がないときに待つことがむずかしい、という保護者の思いや、最近毎朝起こっていること、保護者は毎朝イライラしてしまい憂鬱に思っていることが確認される。
保育士は「そうですよね。忙しいときは特に困りますよね。一緒に考えさせてください。保育所でも、自分でやりたいという思いと、でもできないという思いで、A君、靴を履くときに困っていることがあります。どの部分がむずかしいのかなと思って見ていると、靴のテープの部分を開けないで履こうとしていて、うまく履けるときもあるのですけど、履けないときに、足が入らなくて困っていることがあります。そのため、一緒にテープの部分を手で持って開けたり、『ここを開けてね』と伝えたりしたときにうまくいったことがありました」と伝える。 母親は、「足が入らなくて困っていたのかもしれないですね。明日は一緒にやってみます」と話した。	④子育て支援の実施	・気持ちを受け止め、共に考えていきたいということを伝え、保育の視点から、A君が何で困っているか、どうしたらうまくいったか、保育所でうまくいったときの方法として伝える。
翌日はうまくいったが、その次の日はうまくいかないなど、保護者から継続的に話を聞いた。保育士間でも情報を共有し、計画を立てながら、子育て支援を実施していく。保育士が、A君はじっくりと取り組むことが好きなので、保育所では早めに声をかけるようにしていることを伝えると、母親は、「早めに声をかけるようにしてみようかな」と話した。	②状況・状態の確認（支援後の評価を含む） ③子育て支援の計画 ④子育て支援の実施	・その後の家庭でのA君のようすを教えてもらう。 ・保護者やA君の思いを受け止めながら、計画を立てる。 ・A君の気持ちの代弁と具体的な方法の提案をする。
また、朝は、食事をなかなか食べない、着替えたがらないなど、困っていることが靴を履くことだけではない状況を知り、保育所でのようすとともに2歳の発達段階を伝えながら、一緒にA君の育ちを支えていきたいことを伝えた。	②状況・状態の確認 ④子育て支援の実施	・靴を履くこと以外でも朝の仕度で困っていることを確認する。 ・2歳児の発達段階や保育所でのようす、共にA君の育ちを支えていきたいことを伝える。

作成：水枝谷

第2節

子育て支援の計画

　把握された状況・状態の分析に基づき、保育士による子育て支援の計画が立てられる。保育指針解説では、「保護者に対する子育て支援に当たっては、必要に応じて計画や記録を作成し、改善に向けた振り返りを行いながら」、保育所の特性を十分に生かして行われることが望まれると示されている。子育て支援の計画を立てることで、保護者に対する子育て支援をより意識し、子どもや保護者の状況や状態に基づいた子育て支援を実施することができる。

　保育士は日々保護者と接することができる立場にあるが、関わることのできる時間はとても短い。子育て支援の計画は、内容に応じて子育て支援の個別支援記録や、保育の指導計画の家庭との連携の欄に記入することが望ましいが、計画書という書式が整っていなくとも、子育て支援の展開を予測することで、短い時間により有効な関わりが可能となるとともに、保育場面においても、より子育て支援を意識して保育を実施していくことが可能となる。

　保育指針解説では、「援助の過程においては、保育士等は保護者自らが選択、決定していくことを支援することが大切である」と示されている。そのため、保護者自身が納得して解決に至ることができるようにすることが大切である。保育士による子育て支援の計画は、保護者の目的に応じて、子育て支援の展開を予測する力量が求められている。

　保護者が課題をどのように認識して、どうありたいと思っているのかについて目標を設定することで、その目標にむかうための個別的な状況や特性に応じた方法、手段を選択していくことができる。

　目標は、保護者が望んでいる状態であるが、目標は必ずしも子育て支援のはじまりの時期に抱えていた保護者の悩みに対する解決のみであるとは限らない。子育て支援を展開していくなかで、課題がより明確化されたり、新たな課題が生じたりすることがある。

また、子育て支援の計画を立てるにあっては、保育指針解説に示されるように、「保護者の子育てに対する自信や意欲を支えられるように」実施していくことが求められる。保護者のできていることを言語化し、保護者の子育てに対する自信や意欲を支えながら子育て支援を実施できるよう計画していくことが大切である。

　子育て支援の計画については、保育士を中心に立てられていくが、必要に応じて園長や主任保育士と共に計画を立てることもある。長期に及ぶ子育て支援の計画については、クラス担任のなかで周知するとともに、必要に応じて保育所の職員間においても共有し、保育所全体で取り組んでいく。子育て支援の計画についての具体例は前節の事例1のとおりである。

　また、子どもに障害や発達上の課題がみられる場合、必要に応じて市町村や関係機関と連携および協力を図りつつ、保護者に対する個別支援を行うように努めることが必要となる。

　保育指針解説では、「家庭との連携を密にする」とともに、子どもだけでなく「保護者を含む家庭への援助に関する計画や記録を個別に作成するなど、適切な対応を図る必要がある」と示される。子どもの障害や発達上の課題がみられる場合については、子どもの障害や発達上の課題に関する個別的な支援の計画に加えて、保護者に対する子育て支援に関する計画をたて、計画に基づいて保護者に対する子育て支援を実施していくことが求められている。

第3節　子育て支援の環境構成

　保育の環境について、保育指針では「保育士等や子どもなどの人的環境、施設や遊具などの物的環境、更には自然や社会の事象など」があげられ、「人、物、場などの環境が相互に関連し合い、子どもの生活が豊かなもの」となるよう計画的に環境を構成し、工夫して保育することとされている。保育士は、子どもの保育の視点から保育環境を構成する。さらに子育て支援の視点から環境構成を図ることで、保護者の安心感や保護者と

保育士の連携、家庭における子育てを支えることにつながっていく。

1　保育士と保護者が信頼関係を築くための環境

保育士は、保育指針にあるように「子どもの育ちを家庭と連携して支援」する。保護者が保育士を信頼し、安心して保育所を利用することができるように環境面からも配慮が求められる。

質の高い保育環境は、保護者の保育における安心感につながる。そのため、子どもの発達段階にあった保育環境や、一人ひとりの子どもが大切にされていると感じられる生活、遊びの環境を構成することは、保育のみならず子育て支援の環境という面からも重要である。

実際にそのような環境を保護者が送迎時や保育参観、保育参加等の際に見たり、ふれたりすることが子育て支援につながっていく。その時々の子どもの発達や子どもの興味、季節等に合わせて、保育の視点で環境を見直し、構成していくことが求められる。

保育の意図や内容を伝えることも、保育における信頼につながる。プライバシーの保護を厳守したうえで、保育所の年間指導計画や季間指導計画、月間指導計画などを保護者が送迎時に見ることができるように掲示することで、保護者は保育の専門性や保育の意図を理解しやすくなる。

日々の家庭からの持ち物は、保護者の立場に立ってわかりやすく説明する。持ち物を置く場所については、保護者の動線を考えながら配置することで、朝の仕度がスムーズとなり、保護者は大切に思われていることを実感できる。家庭からの持ち物を大切にする姿勢も信頼につながる。

また、特別に家庭から持参してもらいたいものについては、わかりやすく文字や写真で伝えたり、目的を説明したり、実物を置くなどして伝えることで、保護者は持ち物を準備しやすく、対応しやすい。特別な準備を要するものは、早めに保護者に伝えたり掲示したりしておくことで、保護者は焦らずに準備をすることができる。

2 子どもの成長の喜びを共有できる環境

　保育指針では、「保護者が子どもの成長に気付き子育ての喜びを感じられるように努めること」と説明される。保護者に対する子育て支援は、子どもの育ちを保護者と共に喜び合うことを重視する。

　子どもの作品を掲示したり、遊びの写真を飾ったりすることで、保護者はわが子の遊びの豊かさを感じたり、わが子の成長の喜びを感じることができる。遊びの過程のエピソードを付け加えて書いたり、送迎時に伝えたりすることで、より子どものそのときの状況をイメージしやすくなり、子どもの個性や小さな成長に気づいたりすることができる。同時に、保育士が大切にしている視点が伝わる機会、保育士は子どもの遊びをどのようにとらえているかを保護者が感じる機会でもある。一人ひとりの子どもの個性や育ちのペースを大切にしているという保育士の思いを保護者に伝えることにもつながっている。できる・できないということよりも、その子らしさを感じたり、その子の豊かな遊びの世界に気づいたり再認識したりできるように、配慮していきたい。

　季節感のある制作であれば、年齢や子どもの興味によって季節や行事の楽しみ方が変わっていく。年齢に合った内容であり、かつ多様な子どもの興味に対応する素材を用意することで、保護者はわが子らしさを感じるとともに、他の子どもたちのそれぞれの遊びの豊かさにも気づく機会となる。子どもの作品を大切に扱いながら、取り組んでいくことが求められる。

3 家庭での育児を豊かにする環境

　保育指針では、保育士は、保護者の「子育てを自ら実践する力の向上」に資することと示されている。保護者は、子どもや保育士から見聞きした保育所で子どもが楽しんでいる遊びや絵本を参考にして、家庭の玩具や絵本などを用意したりすることがある。保育のなかで子どもが楽しんでいる遊びを伝えるとともに、玩具や絵本を紹介したりすることができる。口頭で伝えるのみならず、棚に飾ったり、写真で掲示したりする方法がある。

また、保育所に貸出用の絵本や玩具があれば、家庭で読んだり遊んだりすることが容易となる。それは、保育所での遊びの文化が家庭に伝わる機会となる。

また、育児書や育児雑誌、DVD、おとな向け絵本などが書店にはたくさんあり、インターネットにおける情報もあふれている。山のような情報のなかからその家庭や子どもに合った情報を選ぶことはむずかしい。保育士が薦めたい書物や映像など、保護者が気軽に見ることができる場所に置いておくことは、家庭の育児を豊かにする可能性がある。

4　保護者同士がつながる環境

子育て支援について、保育指針解説では、「保護者同士の交流や相互支援又は保護者の自主的活動などを支える視点ももちながら、実施する」と示されている。

保育所に保護者同士が集い、交流ができる場を提供することで、保護者同士がつながることができる。保育所の玄関に保護者同士が会話をしやすいスペースをつくったり、降園時に図書コーナーで絵本を読みながら保護者同士が会話をしたり、月に1回多目的室がカフェとなり、降園後の親子が利用できる場となるようにするなど、方法はさまざまである。

また、園庭環境を保護者と保育士で共に話し合って整備することがあれば、その過程で保護者同士で協力しながら子どもの保育環境について考えていく機会となる。

方法は多様であり、保育に支障のない範囲で、各保育所の人員配置や保育環境、地域性などに応じて、保護者同士がつながる環境を意識していきたい。

なお、幼保連携型認定こども園教育・保育要領解説(以下、教育・保育要領解説)では「保護者一人一人が園の関係者のみならず、園を拠点としながら広く地域の家庭や住民と温かなつながりを深めつつ、自ら子育てを実践する力の向上に結び付け、そのことが子育ての経験の継承につながるようにすることが重要である」と説明される。幼保連携型認定こども園や保育所における保護者同士のつながりは、その場のみならず、地域におけるつながりへと発展する可能性があることを理解することが必要である。

子育て支援の具体的手段

子育て支援の具体的な手段や機会として、保育指針解説では、連絡帳、保護者へのおたより、送迎時の対話、そして保育参観や保育への参加、親子遠足や運動会などの行事、入園前の見学、個人面談、家庭訪問、保護者会などがあげられている。

このような手段や機会を子育て支援に活用する際には、「保護者の子育てに対する自信や意欲を支えられるように、内容や実施方法を工夫すること」が望まれており、細やかな配慮が求められる。

1 送迎時の会話

保護者による子どもの送迎は、保育所の特徴であり、子育て支援の重要な場面である。送迎時の保護者と保育士のあいさつや会話は日常的な行為であり、保育士は、継続的に直接保護者と会話をすることができるという重要な立場にある。保育をしながら送迎時に会話をするため、時間的制約が生じるが、短い時間のなかでも子どもに関する大切な情報を交換し、日々、家庭と連携しながら子どもの育ちを支えていくことの意義は大きい。送迎時の会話は、保護者と保育士が互いに表情を見ながら話すことができるため、誤解が生じづらいという利点がある。

保育士と保護者が子どもに関する情報を交換している際に、保護者が会話に関連している悩みについて思い出し、話し出すことも多い。日々のコミュニケーションを大切にするとともに、保育士の受容的態度により、保護者にとって子どもの悩みを話しやすい状況をつくることが望まれる。

保護者は、専門的知識、技術を有しているからこそ保育士に聞きたいという思いも生じるが、逆に、保育士が保育の専門性を保持しているからこそ、比較してうまくいっていない自分自身が悪いと思ってしまったり、話すことで、家庭での子育てを否定されるのではないかと思ってしまったりすることも生じやすい。送迎時の会話は、保護者への受容的態度を心がけていく。

保護者と保育士のあいだで日常的なあいさつ、会話がていねいに行われていれば、関係が築かれ、保護者の状況も把握しやすく、かつ保護者も保育士に援助を求めやすくなる。保護者は最もつらい時期は援助を求めず、それ以前に小さなサインを出し、つらい時期が過ぎてから保育士に話すこともある。送迎時の会話は、保護者の状態の把握や、子育て支援の実施を見計らう重要な役割を果たす。

その他、送迎時には、保護者と子どもの関係の観察や、保護者や子どもの状態の確認が行われる。一方、保護者は、他の子どものようす、子ども同士の関係、保育士の子どもへの関わり等を観察できる機会となる。

送迎時は直接話をすることができる貴重な機会であるが、他の保護者や職員、子どもがいる日常生活場面で展開されるため、個人情報に深くふれることは控える等留意して行う必要がある。

2 連絡帳

連絡帳は、子どもの家庭での過ごし方や保護者の思いを把握することができるとても大切なツールである。かつては、複写式の連絡ノートに手書きで記入することが一般的であったが、現在は、**保育ICTシステム**の導入により、アプリ等を使用した連絡帳が普及してきている。保育士も保護者も、パソコンやタブレット、スマートフォンでの入力が可能であり、効率的に使用することができる。

3歳未満児の保護者とは、毎日連絡帳を交換することが多い。24時間の家庭での生活について、睡眠、授乳・食事、体温、排便に関する項目を記入してもらうことで、家庭との連続性のなかで保育を行うことが可能となる。例えば、「きょうは朝5時には起きている」「食事時間もいつもより早い」ということが把握できることで、保育所における食事時間を調整し、早めに食事の準備をし、眠くなる前に食べ終わり、早めに眠るという対応が可能となる。連絡帳に記載された内容を把握し、一人ひとりの子どもにあった保育を行うことを連絡帳に記入することは、保護者の保育に対する安心にもつながる。連絡帳を用いた子どものエピソードの伝達は、保育士の子どもへの愛情や成

保育ICTシステム
保育に関する情報通信技術(Information and Communication Technology)システム。パソコンやタブレット、スマートフォンを使用して入力、管理することで、保育士の業務を軽減し、効率化を図ることができる。登降園時間、おたより、お知らせ、連絡帳、アンケート、写真など、保護者とやりとりできる。その他、各種計画の記入、勤務表作成など、園の情報が管理できる。

長を共に喜ぶ気持ちを伝える機会となる。

　連絡帳は文字を用いて、子どもの情報や保護者、保育士の思いを伝え合う。文章は相手の表情が見えず、また、すぐに捕足の説明を求めることができず、読む人によってとらえ方が異なることも多い。そのため、否定的な内容は極力控え、肯定的な内容で伝達することが求められる。

　連絡帳は文章が残るという特徴があるため、記入内容には留意が必要であるが、保護者にとって、子どもの個性や成長を知ることができる大切な存在である。一人ひとりの子どものエピソードを記入することで、自分の子どもをよく見てもらえているという安心感につながり、また、子どもの存在そのものや子どもの成長を共に喜び合うことにもつながっていく。

3　子どものようすの掲示

　クラス内で、１日の保育の内容や子どもの姿を、保護者が迎えに来る際に見ることができるように掲示する。保護者はクラスの子どもたちがどのように過ごしたのか知る機会となる。写真を添えることで、保護者は子どもの遊びと生活をイメージしやすくなるが、実際の保育を優先させながら、保育に支障のない範囲で行うことが求められる。１日の子どものようすはクラス全体のエピソードを記入し、連絡帳には一人ひとりのエピソードをより詳しく記入するというすみわけができる。

　また、子どもたちの遊びと生活のようすを、保育ドキュメンテーションとして、写真と保育士からのコメントなどで紹介する方法もある。写真に加えてエピソードや保育の視点でのコメントがあると、子どもの遊びのプロセスや、生活の姿などがより保護者に伝わりやすい。

4　情報提供の方法

　情報提供については、日々の会話、連絡帳、子どものようすの掲示のほかに、保育士によるクラスだより、栄養士による食育だより、看護師による保健だより、園全体における園だよりなどの方法がある。

　例えば、保育士によるクラスだよりでは、子どもたちの遊び

のようすや子どもたちが好きな玩具やわらべうたなどについて、保育の視点で解説しながら伝えることができる。栄養士による食育だよりは、人気の給食やそのレシピを紹介したり、季節の食材を用いた料理や、素材の味を生かしたおやつなどを紹介することができる。看護師による保健だよりは、その時期に流行しやすい感染症や、感染症対策、罹患した際の対処法などを説明することができる。

　これまでは、紙媒体による掲示や配布が一般的であったが、現在は、保育ICTシステムを使用し、保護者のパソコンやスマホ等から閲覧できる仕組みを整備している保育所が増えている。保護者専用のアプリを使用して閲覧する、保育所のホームページから保護者専用のパスワードを入力して閲覧する、SNSを活用する、などの方法で情報提供が行われている。

　第三者が閲覧できる内容については、プライバシーの保護が求められる。個人情報を載せない、子どもの顔が映る写真を原則載せない、掲載が必要な際には必ずそのつど保護者の了解を得るなど、特段の配慮が必要となる。また、保育所の保護者のみが閲覧可能な場合であっても、悪用されることを防ぐため、子どもの水着の写真を載せないなど、子どもの人権に配慮した形で情報提供を行うことが求められる。

5　保護者懇談会

　保護者懇談会は、保育所の運営、保育方針、保育内容等の伝達、保護者同士がつながる機会の提供、子どもの成長発達の状態や課題、その対応に関する情報交換等をすることができる。1年のどの段階で何回実施するかを検討することは重要である。

　新年度、早い段階で保護者懇談会を実施することで、保育方針を伝えたり、保護者同士をつないだりする機会となるが、その場合、さらに早い段階で日時を伝えておくことで、多くの保護者の参加が可能となる。保育士から直接、クラスの子どものようすや保育の意図について説明があること、保護者同士に関係ができることは、保護者の安心感につながっていく。また1回の保護者懇談会で何に取り組むかを明確にすることで、より有効な機会となる。

懇談会は、送迎時では対応しきれない課題等に保護者と共に取り組む機会、あるいはそのきっかけとなる。日常的な送迎時の会話における関係づくりと懇談会における取り組みを連動させて行うことが重要である。具体例を事例2に示す。事例2は、128頁の事例1の続きである。

事例2：クラスだよりや懇談会を活用した子育て支援

事例の内容	展開	展開の具体的説明
2歳児クラスの担任はA君の家庭以外からも、朝の仕度と夜の寝かしつけについての悩みを聞くことが増え、2歳の発達段階として家庭で悩みが生じやすいことをクラス保育士同士で確認した。	②状況・状態の確認	・2歳児クラスの保護者から、朝の仕度や夜の寝かしつけに関する相談があり、話を聞く。
懇談会では、「朝の仕度でうまくいったこと」「夜の寝かしつけでうまくいったこと」をテーマに各家庭に話してもらうことにした。	③子育て支援の計画	・懇談会を活用し、家庭でうまくいったときの方法を共有してもらうことを計画する。
クラスだよりでは、保育所の子どものようすを交えて、2歳児の発達について解説した。さらに、次の懇談会では、各家庭でうまくいったときの方法があれば教えてほしい旨を記入した。	④子育て支援の実施	・クラスだよりを活用し、2歳児クラスの子どものようすを伝え、2歳児の発達を解説する。家庭での子育ての知恵を教えてほしいことを伝える。
懇談会では、保護者同士で2歳児ならではの子育ての楽しさ、大変さについて共感しながら、家庭でうまくいったときの方法を保護者から教えてもらった。	④子育て支援の実施	・保育士は、あたたかい表情で、保護者からのさまざまな工夫やエピソードを肯定的に言葉にしながら、保護者のもつ家庭での子育ての情報をつないでいく。
「それなら家でもできそう」という声が多く聞かれた。後日、「夜、いつもより早く眠れました」「朝、スムーズに仕度ができました」という声が聞かれた。 　うまくいくとき、いかないときがありながら、目の前の子どもの姿から関わり方を考え、試してみる保護者の姿が見られる。	⑤子育て支援後の評価	・朝夕の送迎や連絡帳など、保護者からの伝達等により確認する。家庭での子育てのさまざまな方法を知りつつ、子どもの姿を見ながら、子どもに関わる方法を考える保護者の姿をとらえることができる。

作成：水枝谷

6　家庭訪問

　家庭訪問は保護者と子どもの生活状況の把握を目的として実施される。保育所によって、全園児を対象に保育士が家庭訪問をする形、特別な理由がある場合にのみ家庭訪問をする形など、対応はさまざまである。特別な理由については、例えば保護者の体調不良が関係して休みが続く家庭について、家庭の状況を把握し、子どもの登園を促すために、保育所内での職員間の連携のもとに、家庭訪問が実施される。家庭訪問を実施する場合、私宅に入る一般的な作法に加えて、保育や子育て支援で活用しない情報を収集しない、得た情報は原則として保護者に許可な

く外部に漏らさない等を徹底する態度が求められる。

　また、家庭訪問で把握した家庭環境や状況の情報は、その家庭における子育てを理解して子育て支援を行うための手がかりとなる。ただし、保護者の状態によっては、感情が吐露されることもあり、他の専門職等と複数人で訪問するなどの工夫も必要である。状況により、他の関係機関に家庭訪問を依頼することもある。

7　行事

　行事には、入園式、卒園式といった子どもの成長の節目を祝う機会、夕涼み会や夏祭りなど季節の行事を活用した機会、親子遠足など親子で園外に出向く機会、運動会、発表会、保育参観など日常の保育の延長として、子どもの姿を見てもらい、子どもが好きなこと、夢中になっていること、主体的に活動していることを保護者に紹介する機会などがある。

　新型コロナウイルス感染症の感染対策を契機に、行事が縮小されたり、中止になったりするなかで、行事は何のためにあるのかということが問い直されてきた。そして、一人ひとりの子どもの思いが大切にされ、安心して楽しく参加できる活動方法、日々の保育が大切にされ、保育士の勤務時間が守られる形での準備内容、保護者と家庭との連携や子育て支援につながる行事のあり方などがよりいっそう、考慮され、行事のあり方が見直されてきている。

　行事は日常的な活動の延長として、非日常的な活動により子どもの育ちを支える機会である。そして同時に、保護者の子育て支援の場面としても機能している。例えば、保護者と保育士が子どもの成長を確認し喜びを共有する、保護者が子どもの成長をどのように支えればよいかを知る、保護者同士が同じ立場にあるものとして支え合う関係づくりを行う等の場面としても生かされている。

　保育所では、毎日の送迎時間が異なる場合、保護者同士が交流する機会は少ない。行事は、ふだん顔を合わせることが少ない保護者同士がつながる貴重な機会となる。

（1） 入園式、卒園式

　入園式や卒園式は、子どもの保育所への入園、卒園を祝うと同時に、保護者が親としての役割を果たすことを支持する行事といえる。保護者にとっては、親として尊重され、親の役割を再確認する貴重な機会となる。

　入園式では、これまで子どもの育ちを支えてきた保護者の思いを大切に、連携して保育していきたいことを伝えていく。子どもも保護者も新しい環境での生活に不安を感じやすいことをふまえて、一人ひとりの子どもを大切にした保育を行うことや、保護者の子育てを支援していきたいことを伝え、安心して保育所生活をはじめることができるよう配慮していく。卒園式では子どもの成長を共に喜び、ここまで子どもの成長を支えた保護者に、敬意をもって接する。入園から卒園までの子どもたちの成長を言葉にし、保護者が子どもの育ちを振り返ることが子育ての自信につながるように配慮していく。生活のなかで節目となる入園式や卒園式は、保護者が親としての役割や思いを再確認することを支える子育て支援の重要な場面である。

（2） 夕涼み会、夏祭り

　夕涼み会や夏祭りなど季節の行事は、子どもへの多様な体験の提供や子ども同士の交流促進を目的として実施される。保護者同士も楽しみながら参加することが多く、保護者同士の交流や、保育士と保護者との関係を深める機会となる。

　保護者は、子どものようすや子ども同士の関係を比較的おちついて見ることができる。そのため、子どもとの会話や、送迎時の会話や連絡帳で保育士から伝えられていた子ども同士の関わりを、子どもが夕涼み会や夏祭りで遊ぶ姿からより詳細に理解することができる。保育士は、家族関係を観察したり、日常的な送迎では時間の重ならない家族同士の交流を見たりすることができる。

　また、季節の行事を楽しむ機会は、保護者も運営に参加し、保護者と保育士が共に同じ目標にむかって活動できる機会となる。保護者に負担のない範囲で、積極的に準備に参加できるように、配慮していく。

(3) 親子遠足

　親子遠足は、保育所以外の場で保護者と子どもが他の親子や保育士と交流することができる機会である。保護者や子どもに何を経験してもらいたいかを考えながら計画していく。教育・保育要領解説では自然との触れ合いについて、「保護者自身も自然と関わる体験が少ない」という状況が説明されている。例えば親子遠足で、豊かな自然にふれることで、日常の経験を補うことができる。親子遠足の目的を事前に伝え、保護者が意図を理解したうえで参加できるように配慮する。

　長時間親子で共にいることから、子どもにとっては保護者と共に楽しむ貴重な機会となり、保護者にとってはわが子と同じ経験ができる貴重な機会となる。早い時期に日程を伝え、保護者が日程を調整できるように配慮する。また行き先、持ち物、具体的なスケジュールをわかりやすく伝え、親子共に楽しみに過ごせるようにする。家庭の状況に配慮し、保護者の代わりに祖父母等が参加する場合においても、すべての人が心地よく過ごせるように計画していく。

　また、子ども同士、保護者同士の交流を意図的に図りながら、保護者同士がつながる場として活用できる。状況に応じて小グループをつくる、子育て家庭同士が協力して活動する機会をつくるなど、工夫していく。

(4) 運動会、生活発表会

　運動会、生活発表会は、子どもの発達や成長を確認できることから、保護者の関心が高い行事である。保護者に観てもらいたい内容をあらかじめおたより等で伝えておくと、当日、子どもの成長・発達を保護者がとらえるより有効な機会となる。当日の完成度よりも、子どもが主体的に楽しみながら取り組み、当日を迎えることのほうが重要である。子どもの興味や発達を考慮したうえで、よい経験につながると考えられることや、安全性をふまえて内容を検討していくが、その過程や子どもたちが保育所でどのように遊び、どのように運動会や生活発表会の活動につながっていったかを伝えることは、保護者の子ども理解を促す。子どもの日常の姿を見せること、保護者がほかの子

どもと比較せず、それぞれの子どもの個性に気づき、成長を喜ぶことができるような配慮が必要である。特に運動会については、子どもの年齢や性格により、大勢の人に注目されることが子どもの不安や負担となることもある。子どもへの格段の配慮とともに、保護者にもあらかじめ伝え、子育ての不安につながらないように配慮することが求められる。

(5) 保育参観、保育参加

　保育指針解説では、「保護者の養育力の向上につながる取組」として、保育参観や保育参加などの機会があげられている。教育・保育要領解説で「保護者が、他の子どもと触れ合うことは、自分の子どもの育ちを客観的に捉えることにもつながる」と示されているように、子育て支援においても、子どもがいるという保育所の特性を活用することが望ましい。このような取り組みは、「保護者同士の交流や相互支援又は保護者の自主的活動などを支える視点ももちながら、実施する」ことが求められる。

　保育参観は、日々の保育所での子どもの姿を見ることができる貴重な機会である。保育参観は、1年を通して特別な行事がなければ、保護者の希望する日に参観できる形、1週間の決められた期間のなかで参観できる形、日程が決まっている形など、保育所によって多様な形で行われている。保育参加は、子どもと保護者が共に遊び、生活をしながら、保育所での保育を知る経験となる。

　子どもにとっても保護者にとってもよりよい経験となるように保育士は配慮することが求められる。子ども同士、保護者同士の交流の機会であることに配慮しながら、それぞれの子ども、それぞれの保護者が心地よく過ごすことができるよう配慮していく。また、保育参観や保育参加と保護者懇談会が同じ日に行われることもある。その場合、保育参観や保育参加で感じた保護者の子どもに対する思いや成長の気づきなど、必要に応じて思いを保護者同士で共有できるように配慮することで、子どもの成長を共に喜び合える仲間づくりの一助となる。

子育て支援の技術（保育士の保育相談技術）

1 子育て支援で保育士が活用する技術

　保育指針第1章1(1)エには、保育士の役割として「倫理観に裏付けられた専門的知識、技術及び判断をもって、子どもを保育するとともに、子どもの保護者に対する保育に関する指導を行う」と示されている。よって、保育士は、倫理観に裏付けられた専門的知識や技術を生かして、子育て支援を行うことになるが、保育士の専門的知識および技術とはどのようなものだろうか。

　保育指針解説には、「保育所の保育士に求められる主要な知識及び技術」として6つの知識および技術が示されている（第1章1(1)エ）。次項では「保護者支援に関する知識及び技術」を除いた、5つの「保育に関する知識及び技術」を紹介する。

2 保育士が子育て支援を行う際に基盤となる保育技術

(1) 発達援助の知識および技術

　保育指針解説には、「これからの社会に求められる資質を踏まえながら、乳幼児期の子どもの発達に関する専門的知識を基に子どもの育ちを見通し、一人一人の子どもの発達を援助する知識及び技術」と記されている。

　発達援助の技術には、「子どもの成長や発達に応じた関わりや援助をする技術」（例：生活のなかで子どもの心身の状態を把握する、子どもの思いや行動を受け止める、発達を見通したうえで子どもの行動を見守ったり、支持したり、直接援助したりする等）と「発達を促すために働きかける技術」（例：発達に応じた遊びや活動を考え提供する、子どもの発達に応じた環境

を構成する等)がある。

保育指針第1章1(1)保育所の役割イに「子どもの状況や発達過程を踏まえ、保育所における環境を通して、養護及び教育を一体的に行う」とあるように、この発達援助の知識および技術は、保育士が子どもと関わり、援助を行う際の基盤となるため、その他の知識および技術と深く関連している。

(2) 生活援助の知識および技術

保育指針解説には、「子どもの発達過程や意欲を踏まえ、子ども自らが生活していく力を細やかに助ける生活援助の知識及び技術」と記されている。

生活援助の技術には、「子どもの生理的欲求を満たすための技術」「基本的生活習慣(食事、排泄、手洗いやうがい、衣服の着脱、休息等)を身に付けていく過程において、子どもの思いを尊重しつつ一人ひとりの発達に応じた援助をする技術」「子どもが主体的に生活する力を獲得できるよう援助する技術」がある。

例えば、「自分でやりたい」という思いが強くなる2歳児の時期には、子どもが選択できるようにする、子どもの思いを確認してから援助する、さりげなく援助する、その子なりのペースで取り組むことを見守る等の技術を活用し保育士は援助を行っている。

また、幼児期になれば、自分たちで生活をつくるために当番活動を取り入れたり、生活のなかで必要な約束を子どもと共に考えたりする等、皆で気持ちよく過ごすために必要なことを子ども自身が考え実践できるよう援助する技術を活用し保育を展開したり、子どもの援助を行ったりしている。

(3) 環境構成の知識および技術

保育指針解説第1章1(4)保育の環境には、「保育所内外の空間や様々な設備、遊具、素材等の物的環境、自然環境や人的環境を生かし、保育の環境を構成していく知識及び技術」と記されている。

保育指針には、「計画的に環境を構成し、工夫して保育しな

ければならない」と示されている。そして、保育指針解説には、「乳幼児期の子どもの成長にふさわしい保育の環境をいかに構成していくかということは、子どもの経験の豊かさに影響を及ぼすという意味で、保育の質に深く関わるものである」と記されており、環境構成の技術は保育士の特長的な専門的知識および技術であるといえる。

　環境構成の技術には、「安全で衛生的な環境を整える技術」「子どもの発達や興味・関心を見極める技術」「遊びの特性や子どもの動線を考慮して空間をつくる技術」「発達に応じた道具や玩具を選択する技術」「子どもの成長・発達に応じて玩具等を配置する技術」等がある。

　さらに、保育指針解説には「遊びが展開する中で、子ども自らが環境をつくり替えていくことや、環境の変化を保育士等も子どもたちと共に楽しみ、思いを共有することが大切である」（第1章1(4)保育の環境ア）と記されており、子どもの生活や遊びの状況に合わせて、子どもと共に「環境を再構成する技術」も環境構成の技術である。

(4)　遊びを展開する知識および技術

　保育指針解説には、「子どもの経験や興味や関心に応じて、様々な遊びを豊かに展開していくための知識及び技術」と記されている。

　保育指針第1章1(3)保育の方法オには、「乳幼児期にふさわしい体験が得られるように、生活や遊びを通して総合的に保育すること」と示されている。そして、保育指針解説には、「子どもは遊びに没頭し、自ら遊びを発展させていきながら、思考力や企画力、想像力等の諸能力を確実に伸ばしていくとともに、友達と協力することや環境への関わり方なども多面的に体得していく」と記されている。さらに、「子どもの発達は、様々な生活や遊びの経験が相互に関連し合い、積み重ねられていくことにより促される」と記されており、子どもの心身の諸側面の成長・発達に遊びは欠かせないもので、遊びを展開する技術も保育士の特長的な専門的知識および技術であるといえる。

　遊びを展開する技術には、「子どもが遊びを見つけられるよう援助する技術」（例：発達に応じた環境構成をする、子ども

に寄り添いながら興味関心のあることを推測する、共有体験の機会を設ける、保育者が楽しむ姿を見せたり共に遊んだりする等）と、「子どもの自発的な遊びを支える技術」（例：子どもの自発的な遊びを見守ったり、支持したり、承認したりする等）、さらに「遊びが継続・発展していくよう援助する技術」（例：環境を子どもと共に再構成したり、問いかけたり、提案したり、子どもと遊ぶなかで一緒に考えたり調べたりする等）がある。

(5)　関係構築の知識および技術

　保育指針解説には、「子ども同士の関わりや子どもと保護者の関わりなどを見守り、その気持ちに寄り添いながら適宜必要な援助をしていく関係構築の知識及び技術」と記されている。

　そして、保育指針解説第1章1(4)保育の環境エには、「子どもは身近な大人や子どもと関わり合い、その影響を受けて育つ」ことや同年齢の子ども同士の関係、異年齢の子どもとの関係、保育士等との関係や地域の人との関わりなど、さまざまな人との関わりのなかで、さまざまな感情や欲求をもちながら、人と関わる力を育んでいくことが記されており、関係構築の技術には、「子どもとの信頼関係を築くための技術」（例：子どもの状態や発達過程を読みとる、子どもの気持ちを推測する、受容する、寄り添う、共感する、承認する、応答的なふれあいをする、発達段階に応じた関わりや言葉かけをする等）と、「子どもが周囲の子どもやおとなと関係を築いていけるよう援助する技術」（例：子どもの思いを聴く（傾聴）、子どもの思いを推測し代弁する、仲介する等）がある。また、さまざまな人と関わる機会を通して「子どもが状況や相手に応じた関わり方や言葉の使い方を学べるよう援助する技術」がある。

　保育士が子育て支援を行う際には、「保育技術をそのまま保護者に活用するのではなく、保育技術の視点から保護者の子育ての状態を把握したり、働きかけたり*1」しており、保育技術に加えて保育士が活用している技術が「保育相談支援技術注1」である（橋本 2011）。よって、次項では「保育相談支援技術」について解説する。

注1
　なお、保育相談支援技術はまだ体系化の過程である。

3　保育相談支援技術

　保育士が子育て支援を行う際には、上記に紹介した「保育技術」とともに「26 の保育相談支援技術」を合わせて活用している（柏女・橋本 2009）（表Ⅱ-2-1）。そのなかには、「観察」「情報収集」「共感」等、保護者の状態を把握したり気持ちを受け止めたりする受信型の技術と、「対応の提示」「物理的環境の構成」「行動見本の提示」等、保育士が見本を見せたり方法を提案したりする等、保育士からはたらきかける発信型の技術がある。

　以上、保育技術と保育相談支援技術について解説したが、保育技術と保育相談支援技術を活用して支援するとはどういうことなのだろうか。次項では事例をもとにその実際を解説する。

表Ⅱ-2-1　保育相談支援技術の類型と定義

			技術類型	技術の定義
受信型	情報収集／分析	1	観察	推察を交えず視覚的に現象を把握する行為
		2	情報収集	保護者や子どもの状態を把握するための情報を集める行為
		3	状態の読み取り	観察や情報収集により把握された情報に、保育士の印象、推察を交えながら保護者や子どもの状態をとらえる行為
	受容的な技術	4	受容	保護者の心情や態度を受け止める発言や行為
		5	傾聴	聴くことの重要性を意識したうえで、保護者の話を聞く行為
		6	共感・同様の体感	保護者と同様の体感をする、もしくは保護者の心情や態度を理解し、共有しようとする行為
発信型	言語的援助	7	会話の活用	保護者との関係の構築を目的とし、あいさつ、日常会話などを意識的に活用している行為
		8	承認	保護者の心情や態度を認めること
		9	支持	保護者の子どもや子育てへの意欲や態度が継続されるようにはたらきかけること
		10	気持ちの代弁	現象から対象者の心情を読み取って他者に伝えること
		11	伝達	子どもの状態や、保育士の印象を伝えること
		12	解説	現象に保育技術の視点から分析を加えて伝える発言や行為
		13	情報提供	広く一般的に活用しやすい情報を伝えること
		14	紹介	保護者が利用できる保育所の資源、他の機関やサービスについて説明し、利用を促すこと
		15	方法の提案	保護者の子育てに活用可能な具体的方法の提示
		16	依頼	保育士が必要性を感じ、保護者に保育や子どもへの関わりを頼むこと
		17	対応の提示	保育所における子どもや保護者に対する保育士の対応を伝えること
		18	助言	保護者の子育てに対して抽象的に方向性や解決策を示すこと
	動作的援助	19	物理的環境の構成	援助のための場や機会の設定
		20	観察の提供	保護者が子どものようす等を観察する機会を提供すること
		21	行動見本の提示	保護者が活用可能な子育ての方法を実際の行動で提示すること
		22	体験の提供	保護者の子育ての方法を獲得するための体験を提供すること
		23	直接的援助（保護者）	保護者の養育行為を直接的、具体的に援助している行為
		24	子どもへの直接的援助	子どもに対して直接的に援助を行うことで、保護者の子育てを支えている行為
		25	媒介	親子や保護者、家族の関係に着目し、はたらきかける行為
	方針の検討	26	協議	保育所職員間における話し合い、相談等の作業、行為

出典： 柏女霊峰ほか「本研究における保育指導技術の定義」『保育指導技術の体系化に関する研究（2009年）』、こども未来財団、79頁より徳永作成

4 子育て支援の技術を用いた支援の実際

> **事例3**
>
> 　ある日の降園時、玄関の床にうつぶせて、大きな声で泣いているＮちゃん（3歳児）を困ったようすで母親が見ていた（①）。そのようすに気づいた担任保育士がそばに行き声をかけると、自分で靴を履くのを嫌がり抱っこを求めてきたが腰が痛くて抱けないので靴を履かせようとしたら泣きはじめたとのことであった。
>
> 　そこで、保育士は泣いているＮちゃんを抱っこしておちつかせてから、母親と話をした。園では、靴下や靴はすべて自分で履いていることを伝えた（②）。「お母さんがいるとつい甘えてしまうんでしょうね（③）」と伝えると、母親は「歩くのを嫌がったりすることはないんですね」と驚いたようすだった。
>
> 　Ｎちゃんはひとりっ子で両親もかわいがっており、登降園時は抱っこされていることが多い。しかし、体格のいいＮちゃんを抱いている母親のようすが少し大変そうで保育士は気になっていた（④）。歩いて登降園することを親子に伝えるいい機会ととらえ、Ｎちゃんに「お母さんに抱っこしてほしかったんだよね（⑤）。でもお母さん腰が痛いみたいだから（⑥）、ぎゅってしてもらってから歩いて帰ろうか（⑦）」と話をした。
>
> 　Ｎちゃんがお母さんのところに行き抱きつくと、お母さんもＮちゃんを抱きしめた。保育士はＮちゃんの靴を取り「ぎゅってしてもらえてよかったね。Ｎちゃん上手に靴を履けるところをお母さんに見てもらおう」と声をかけお母さんに靴を渡した。
>
> 　お母さんがＮちゃんと一緒にしゃがんで、Ｎちゃんに靴を渡すとＮちゃんは自分で靴を履きはじめた。保育士は「Ｎちゃんすごい。上手に履けるところを見せられてよかったね。格好よく歩いて帰るとお母さんも助かるね」と声をかけた（⑧）。お母さんが「Ｎちゃんすごいね。上手に履けたね」と笑顔で声をかけるとＮちゃんもうれしそうにお母さんと手をつないで歩きは

じめたので、「お母さんと手をつないで帰るの楽しいね」と声をかけ見送った。

＜事例の解説＞

事例３は、保育技術の発達援助と関係構築の技術の視点から親子のようすを分析し、支援を行っている事例である。そして、以下の保育相談支援技術を活用し支援している。

まず、保育士は親子の状態の観察（①）から、以前から気になっていた親子の状態を読み取っている（④）。そして、保育所での子どものようすを伝達（②）、Ｎちゃんの思いを代弁（③）している。さらに、Ｎちゃんの思いを代弁（⑤）するだけではなく、Ｎちゃんに母親の思いを代弁（⑥）し、Ｎちゃんが気持ちを立て直す方法を提案（⑦）、さらにＮちゃんが自分ですることを認める声かけ（行動見本の提示）（⑧）をして、親子が笑顔で帰れるよう支援している。

このように、保育士は日常の関わりのなかで「保育の技術」をもとに、「保育相談支援技術」を活用し子育て支援を行っているが、どの技術を活用するのかは、その場で瞬時に判断しているため意識していないこともある。意図的に必要な技術を判断し、活用できるようになるためには、保育と同様、日々の実践の振り返りを行うことが重要となる。

表Ⅱ-2-2 事例に活用された保育技術と保育相談支援技術

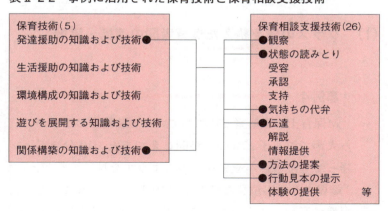

作成：徳永

第6節 職員間の連携・協働の実際

　保育指針第5章1(2)保育の質の向上に向けた組織的な取組には、「保育所においては、保育の内容等に関する自己評価等を通じて把握した、保育の質の向上に向けた課題に組織的に対応するため、保育内容の改善や保育士等の役割分担の見直し等に取り組む」と示されており、保育指針解説には、保育士、看護師、調理員、栄養士等が各々専門性をもって保育に当たるなかで、課題を全体で共有し、それぞれの専門性を生かし、協働して課題への対応を行うことが記されている。さらに、「職員一人一人が保育所全体としての目標を共有しながら協働する一つのチームとなって保育に当たる」と記されている。

　保育所には、保育士以外に看護師や栄養士といった専門職もいるため、各々の専門性を生かして保育を行える体制を構築すること、さらに、経験年数もさまざまな保育士が一つのチームとして保育に当たれる体制を構築することが大切である。上記では主に、保育の質の向上を図るための体制構築として示されているが、保育と子育て支援は密接に関連しているため、子育て支援においても、職員間の連携・協働が重要である。

　以下、事例をもとに、子育て支援における職員間の連携・協働の実際について解説する。

(1) クラスの枠を超えた保育者間の連携・協働

> **事例4**
>
> 　M保育士が職員室で仕事していると駐輪場のほうから大声で泣く子どもの声が聞こえてきた。10分ほど経っても泣き声がやまないのでようすを見に行くと、3歳児のK君が泣きながら母親を叩き、母親は疲れた表情で避けることもなくぼうぜんと立ち尽くしていた。M保育士は、遅番だった担任のI保育士を呼びに行き、I保育士に代わって延長保育を担当した。

Ｉ保育士は急いで駐輪場に行き、Ｋ君を母親から離し抱きしめた。主任保育士もすぐにようすを見に行き、母親に何があったのかたずねると、まだ帰りたくないとぐずっているＫ君を自転車に乗せようと思ったが、Ｋ君が暴れて自転車が倒れＫも転んでしまって…と話してくれた。Ｉ保育士が抱きしめながら話をしたことでＫ君も少しずつおちついてきたので、主任保育士は自転車を起こし、Ｋ君に自転車に乗るように誘った。Ｉ保育士が自転車に乗せ、お家に帰ろうと伝えるとＫ君もうなずいたので、母親にきょうはこのまま帰るように伝えた。

Ｋ君は１歳のときに入園、そのころからＫ君の両親は別居しており、Ｋ君が３歳になる前に離婚した。母親がＫ君を引き取り育てているが、実家も遠く、サポートをしてくれる人が近くにいないなかで、ずっと１人でＫ君を育てている状態であった。そのため保育所では、母親のレスパイト（休息）のためにも土曜保育の利用を勧めたが利用することはなかった。

Ｋ君は入園当時から場面の切り替え時におちつかないようすが見られ、２歳ごろには、他児をかんだり、部屋から出て行ってしまったりすることがあった。主任保育士は、入園当初から担当の保育士とＫ君のようすを共有しながら、Ｋ君が園でおちついて過ごせるように必要なときにはクラスにサポートに入ったり、職員室で個別にＫ君と関わったりする時間を設けてきた。

また、母親の状況やＫ君の保育所でのようすを伝えたときの母親の反応から、Ｋ君に発達的な課題が考えられることを伝えても、母親が受け止められる状況ではないと考え、園では親子のようすを見守ってきた。しかし、３歳の夏ごろから、物を投げたり、保育所を出て行こうとしたりするなど、これまでには見られなかった行動をするようになり、園長や主任保育士は母親と話をする機会が必要なのではないかと考えていた。

翌日、主任保育士はＩ保育士と一緒に園長に前日の

ことを報告し、今後の対応について話し合った結果、K君のためにも母親のためにも、いまが介入の時期であると判断し、主任保育士が母親に連絡し面談の機会を設けた。

　面談のなかで、母親は、生活リズムの安定を第一に2人での生活を必死に送ってきたこと、最近は家から飛び出そうとすることもありK君を守るのに必死であることなどを話してくれた。

　主任保育士は、「お母さんも大変でしたね」と、K君を必死に育て守ってきたお母さんの頑張りをまずは認めた。そして、K君も苦しんでいるかもしれないことを伝え、園に来ている巡回支援専門員であれば、K君の保育園でのようすを見たうえで相談にのってもらえるので、一度相談してみてはどうかと提案すると母親も同意した。その後は、巡回支援専門員も交え、園全体でK君と母親をサポートしていくことになった。

　保育園でのK君のようすは担任から母親に伝え、送迎時には園長か主任保育士ができる限り声をかけるようにし、必要であればいつでも話を聞くようにした。

　また、K君は男性保育士に甘えることが多いため、隣の4歳児クラス担当の男性保育士もK君と関われるよう、まずは、3・4歳児クラスの担任で情報を共有し連携しながら保育を行うようにした。さらに、クラスにいることがむずかしい場合には、前年度担当した保育士のいる2歳児クラスに手伝いに行く機会を設けた。

　2歳児クラスに手伝いに行って1歳上のお兄さんとして認められたことが自信になったのか、自分からきょうも2歳児クラスに行きたいと言い、場面の切り替え時もおちついて過ごせることが多くなった。また、なかなか午睡できないときには、主任保育士がクラスの保育に入り、担任保育士がK君と1対1でゆっくり関わる時間をとれるようにした。

　園の職員全体で必要な情報を共有しながらK君を支える体制をとっていったところ、10月中旬ごろには問題行動も見られなくなった。

＜事例の解説＞

　事例4は、子どもが発達に支援を必要とし、かつ母親が1人で子育てをしている家庭に対して、保育士がクラスの枠を超え連携・協働しながら支援した事例である。

　主任保育士は支援の必要性を感じながらも、保護者の状況を考慮し介入する機会をずっと探っていた。保育所は、毎日通所してくる施設だからこそ、親子のようすを見守りながら支援のタイミングを待つこともできる。そのなかで"ここぞ"という時を逃さず介入（支援）できるように、誰がどのような役割を担うのかを事前に検討しておくことが大切である。また、この事例では、保育所に来ている巡回支援専門員との面談を提案している。

　このように、園が活用している資源を子育て支援においても生かすことができることも保育所の特性である。保育所では、保育のために活用している資源も含め、親子の状況に応じて利用しやすい資源を日ごろから把握しておく必要がある。

　園内では、K君がおちついて過ごすことを一番に考え、子どもと関わる際に必要な情報については職員会議などで伝え、全職員が共有し理解できるようにしていた。K君のことを全職員が理解しているからこそ、K君の個別対応を優先し、主任保育士がクラスにサポートに入ったり、前年度K君を担当していた保育士が自分のクラスで受け入れ、K君が安心できる場を増やし、自信をもてる機会をつくったりすることができている。さらに、特定の保育者に負担がかからないよう3・4歳児が連携して保育するなど、クラスの枠を超えて支援する体制をつくることができている。

　このように職員間で連携・協働し支援する場合には、情報を共有し、共通理解を図ることが必須である。しかし、課題の大きい家庭の場合には秘密保持を徹底しなければならない情報が多いため、情報共有の範囲については十分に検討する必要がある。また、職員により情報の受け止め方が異なり、状況を客観的にとらえられない場合もある。そのため、日常の保育に影響しない情報については、関係職員に留めておくことが必要な場合もある。

　最後に、子どもや保護者の状態に応じて保育や子育て支援を実施するためには、保育所全体で保育や子育て支援を行う意識

をもつことが大切である。保育士は、自分のクラスを担当すると、クラスの枠にこだわり自分のクラスを中心に保育を行う場合があるが、日ごろから情報を共有したり、クラスの枠を超えた活動をしたり、対話的な園内研修を実施したりするなど、職員同士が連携、協働できる雰囲気や体制を整えておくことが大切である。

(2) 保育所内における他の専門職との連携・協働

　下記の事例は、保育士が栄養士や看護師と共に子育て支援を行った事例である。

> **事例5**
>
> 　0歳児クラスでは6月に懇談会を行うことになった。担任保育士が、保護者に懇談会の際に聞きたいことや現在子育てで悩んでいることなどについて事前にアンケートをとったところ、離乳食の進め方や園での食事のようすを知りたいという回答が多かった。そこで、保育士は、栄養士と看護師とも相談し、栄養士には月齢に合わせた離乳食のつくり方を、看護師には子どもの咀嚼機能の発達と離乳の進め方について話をしてもらうことにした。
>
> 　懇談会当日は、個々の食事のようすを写真に撮り部屋に掲示しておき、子どもたちが午睡をしている時間に、栄養士と看護師に話をしてもらう時間を設けた。栄養士は離乳食のつくり方や発達に合わせた離乳食の形状等を記載した手紙を配布、看護師は咀嚼の機能について映像を使いながら解説し、咀嚼機能に合わせた食事介助の仕方をていねいに伝えてくれた。
>
> 　懇談会翌日の連絡帳には「おちついて話を聞くことができ、質問もできたのでよかった」「離乳食のつくり方の手紙を参考にします」「映像で見せてもらったので咀嚼の機能の発達がわかり、食事の際にわが子のようすをよく見るようになった」などの記述があった。
>
> 　一緒に参加した保育士からも、あらためて勉強になり、子どもの咀嚼機能の発達について保護者と共に確

認しながら離乳食を進めていくようにしたいという話が出た。

＜事例の解説＞

　この事例では、保育士が、保護者の思いを把握することを目的に事前にアンケートをとったことで、保護者の要望をふまえた適切な情報提供がなされている。そして、保育士、栄養士、看護師がそれぞれの専門性を生かして保護者に情報提供を行っている。さらに、午睡時に話を聞く時間を設けることで、保護者がおちついて話を聞くことができる環境を整えている。

　保育指針解説第1章1(1)保育所の役割イには、「保育所においては、子どもの健全な心身の発達を図るという目的の下、保育士をはじめ、看護師、調理員、栄養士など、職員がそれぞれの有する専門性を発揮しながら保育に当たっている。保育所職員は、各々の職種における専門性を認識する」こと、「また、組織の一員として共通理解を図りながら、保育に取り組むことも必要とされる」と記されている。

　保育所における保育や子育て支援は、保育士だけで行っているわけではない。保育所には看護師や栄養士等、その他の専門職もいる。それぞれの専門性を生かして子どもの保育や子育て支援を行うためには、まず自分の専門性を認識すること、さらに互いの専門性を理解しておくことが大切である。

　そして、他の専門職が同じ施設内にいて支援できることは、保育所の特性の1つである。したがって、栄養士に食事のようすを見てもらい子どもの状態を一緒に確認したり、食育としての取り組みを一緒に考えたりする。感染症が流行る時期には看護師から病気に関する知識や予防の仕方を伝えてもらうなど、日ごろからそれぞれの専門的視点から意見を伝え合う機会を設けたり、保育のなかで専門性が生かせる役割分担をするなど、連携・協働しながら子どもの発達を支えたり、保護者に情報提供を行ったり、保護者の相談に応じたりできる体制を構築しておくことが重要である。

第7節 社会資源、自治体・関係機関や専門職との連携・協働の実際

　保護者に対する子育て支援のなかには、保育所だけで支援することがむずかしい内容もある。例えば、近隣にサポートしてくれる人がいない場合、子どもに発達的な課題が見られる場合、また、虐待が疑われる場合などである。保育指針解説第4章1(2)子育て支援に関して留意すべき事項には「自らの役割や専門性の範囲に加え、関係機関及び関係者の役割や機能をよく理解し、保育所のみで抱え込むことなく、連携や協働を常に意識して、様々な社会資源を活用しながら支援を行うことが求められる」と記されている。

　連携する機関としては、例えば、市役所(町・村役場)や児童相談所、福祉事務所、保健センター等の公的な機関、病院や療育機関、児童家庭支援センター、学校等があるが、どの機関と連携するかは親子の状況によって異なるため、他機関や他の専門職の役割や機能を理解しておく必要がある。

　また、子ども・子育て支援法において「地域子ども・子育て支援事業」が規定され、各市町村では地域の子どもや子育て家庭の実情に応じた事業が実施されている。そのほか、民間の事業者が実施している子育て支援事業もあり、利用の仕方や利用料、利便性などは各事業者によって異なる。そのため、保育者は勤務している施設の周辺で取り組まれている事業やその内容等について把握したうえで保護者に情報を提供したり、紹介したりする必要がある。

(1) 子どもや子育て家庭の状況に合わせた社会資源の活用

　ここでは、いくつかの事例から、子どもや子育て家庭の状況に合わせた社会資源の活用について考える。

事例6：ひとり親家庭で保護者のストレスが強い場合

　S君の母親は、S君が生まれてすぐに父親と離婚し、1人でS君を育てている。母親の両親はすでに他界し

ており頼れる人もいない。S君は2歳児で、最近「自分で」と自己主張が強くなり、気に入らないことがあると保育所でも泣きわめいてぐずることがある。

迎えにきたある日、母親は今年度から職場も変わり、新たな人間関係のなかで毎日気を遣いながら仕事をしていること、S君がぐずると怒鳴ってしまうこともあり、S君との関わりに悩んでいることを話してくれた。

母親の話を聞いた担任保育士は、園長や主任にS君や母親の状況を報告した。園長は、母親が休む時間をつくることが大切なのではないかと考え、ショートステイ（短期入所生活援助事業）の利用調整を行っている児童家庭支援センターに連絡をして、利用を促したい保護者がいることを相談した。

後日、園長は迎えにきた保護者を園長室に迎え入れ、児童家庭支援センターについて説明をして、連絡先と担当者の名前を伝え、不安であれば園から連絡をすることもできるということを母親に伝えた。

事例7：祝日の保育が必要な家庭

Aちゃんの父親は単身赴任をしているため、ふだんは母親とAちゃんの2人で生活をしている。母親はデパートに勤務しており土日も仕事に行くことが多いが、土日は近くに住んでいる祖母がAちゃんを預かり面倒をみている。

しかし、先日、Aちゃんの祖母が転んで足を骨折したため土曜保育を利用したいと主任保育士に相談にきた。主任保育士は、土曜保育を利用することは可能であるが、日曜日にAちゃんを預かってくれる人がいるのか母親にたずねると、自身が休みを取るつもりであるが、休めないときには父親に帰ってきてもらうつもりであるとのことであった。しかし、これまで、平日も祖母に頼るこが多く、かつ祖母の面倒も見なければいけないため不安であると話してくれた。

主任保育士は、保育時間内であれば保育所でできる限りのサポートはすること、もし休日や夜間に保育が

必要になった場合には子育て短期支援事業やベビーシッターを利用する方法もあることを母親に伝え、利用の仕方や利用料の違いについても話をした。

＜事例の解説＞

事例6は、母親のストレスから虐待につながることを考え、虐待を未然に防ぐために保護者のレスパイトが必要だと判断した事例である。事例7は、保育所への相談は土曜保育の利用であったが、保護者の状況を考え、保育所が利用できない休日や夜間の保育が必要になった際の対策を事前に提案した事例である。

上記の2つの事例では、保護者の話から保育士が支援の必要性を把握している。保育所保育士は、日常の関わりのなかで支援の必要性を把握できる立場にいるということを理解し、保護者と関わることが大切である。

また、支援の必要性を把握した際に、保護者の状況から保育所だけで十分に支援することができないと考えられる場合には、ほかに利用できる資源を紹介することも他機関連携のうちのひとつであることを忘れてはならない。そのためには、勤務している保育所がある地域の子育て支援に関する資源を把握し、各機関や事業の特性を職員全体で共有しておくことが大切である。さらに、園長や主任保育士等は日ごろから他の機関や専門職と顔の見える関係を築いておくことも大切である。

事例8：子どもに発達的な課題が見られる場合

2歳児のY君は、母親と祖父母と4人で暮らしており、祖父母もY君のことをとてもかわいがっている。保育所でのY君は、自分から言葉を発することが少なく、皆で絵本などを見ているときにもフラッと立ち歩くことがあり担任保育士は気になっていた。しかし送迎時に母親と話をしても、母親がY君の発達を気にしているようすが見られず、保育所で気になっている姿をどのように伝えればいいか考えていた。

ある日、年長が園庭で太鼓をはじめると耳をふさいで怖がるようすが見られたため、迎えにきた保護者に

Y君のようすを伝え、家や外出時に大きな音を怖がったりすることがなかったか聞いた。母親は、夏に花火を見に行った際にY君がぐずって泣きだしたため、すぐに帰ってきたことがあると話してくれた。

担任保育士はいい機会と考え、保育所で気になっているY君の姿についても具体的に伝えた。すると、1歳半健診の際に言葉の発達についてはようすを見ましょうと言われていたこと、家ではY君が言葉で要求することが少ないことを話してくれた。

担任保育士は、Y君の音に対する反応からY君自身が困っているかもしれないことを伝え、音に対する敏感さや言葉の発達について近くの療育センターで相談できることを伝えた。

その後、Y君親子は、月に2回療育センターに通うことになった。担任保育士は、Y君の成長や特性に合わせて一貫した支援を行えるようにしたいことを母親に伝え、母親の許可を得たうえで、療育センターの担当者に連絡をとり、それぞれの場におけるY君のようすやY君への関わり方、支援方法などを伝え合うようにした。さらに、年に数回、母親と療育センターの担当者、担任保育士、主任保育士が顔を合わせてY君の成長や援助の仕方等を共有する場を設けた。

＜事例の解説＞

乳幼児期は、個人差や環境による発達への影響が強く、発達の遅れ等を断定することがむずかしい。また、集団で過しているからこそ子どもの発達的な課題が見えてくることもあるため、保護者への伝え方、支援へのつなぎ方には細心の注意を払う必要がある。

事例8においても、保育士は、Y君の日ごろのようすから気になることをとらえていたが、保護者へ伝えるタイミングや方法に悩んでいた。音に対する過剰な反応をきっかけに保護者とY君の困り感を共有し、療育センターの利用につなげている。そして、療育機関につなげた後も、療育機関の担当者と担任保育士が連携をとりながら、Y君の育ちを支えている。

このように他の機関につなげたら保育所での支援が終わるわけではなく、他機関と子どもの情報を共有し、互いの専門性を生かして支援することが、子どものよりよい生活につながり、子どもや保護者を支えることにつながるということを忘れてはならない。ただし、外部の機関と子どもや保護者の情報を共有する場合には、事前に保護者の許可を得なければならない。

事例9：こども家庭センターから保育所への入所依頼が来た場合

注2・・・・・・・・・・・・・・・・
第Ⅰ部第3章第1節1「行政機関等」を参照。

こども家庭センター注2に、保健センターの保健師から継続的に支援が必要な家庭についての情報提供があった。保健師の話では、1歳半健診を行った際に母親の表情が乏しく疲れたようすが気になって話を聞いたところ、母親は第二子出産後に体調を崩し通院していたが最近は受診できていないこと、長男が言うことを聞かないことが増え手をあげてしまうことがあるとのことだったので、母親には、今後子育てについて相談できる場所としてこども家庭センターを紹介したとのことであった。この家庭については、児童相談所からもこども家庭センターに連絡が入っており、警察が泣き声通報で訪問したことがある家庭であった。

こども家庭センターは対象家庭に連絡をとり、保健師と子ども家庭支援員が家庭訪問を行い母親と面談をしたところ、体調が悪くても2人を連れて出かけるのが大変で通院できていないこと、家事も思うようにできないことがあるが父親は仕事で帰りが遅く育児や家事を頼むことができないこと、父親も疲れていると母親や子どもに怒鳴ることがあり、先日夫婦で口論になった際には子どもが泣き叫んで警察が事情を聞きにきたことがあるとのことだった。統括支援員は、保健師と子ども家庭支援員と合同ケース会議を開催、要支援児童に該当すると判断し、保育所の利用等支援方針を検討したうえでサポートプランを作成、対象者に提案・説明し同意を得られたため、こども家庭センターから保育所に受け入れの依頼が来た。こども家庭センターは、要保護児童対策地域協議会の調整機関も担っ

ており対象家庭を支援対象リストに掲載、保育所の入所に際して、要保護児童対策地域協議会の調整担当者が、保健師、子ども家庭支援員、入所予定の保育所の園長・主任、児童相談所の担当者、クリニックの医師、警察に連絡をして個別ケース検討会議を行い、関係者の顔合わせと役割分担、こども家庭センターの担当者に適宜報告することなどが確認された[注3]。

注3・・・・・・・・・・
　要保護児童対策地域協議会の構成員及び構成員であった者は、正当な理由がなく、要保護児童対策地域協議会の職務に関して知り得た秘密を漏らしてはならないことが規定されている（児童福祉法第25条の5）。

<事例の解説>

　事例9のように、保護者や親子の生活自体を支えなければ子どもの最善の利益が守られない場合、保育所だけで、また1つの専門機関だけで支援を行うことはできない。各機関や専門職が支援の限界性を認識したうえで、それぞれの専門性を生かしながら連携・協働して支援を行うことが重要である。

　そして、さまざまな機関や専門職が連携・協働するためには、子どもの家庭に関わっているすべての専門機関・専門職が顔を合わせて話し合う場が必要である。事例9では、こども家庭センターが調整機関となり、要対協の個別ケース検討会議が行われている。個別ケース検討会議では、それぞれの専門性や特性を互いに理解し、各々の役割を確認すること、何かあった際にどこ（誰）に報告するのかを確認しておくことが大切である。

　事例9では、保育所は、日常的な見守りを行いながら親子の状況をアセスメントすることが役割になっており、園では親子のようすを記録に残すとともに、気になったことについては主任保育士がこども家庭センターの担当者にそのつど報告をしている。

　キーパーソンとなる専門機関（専門職）に情報を集約することで、その家庭の課題がより明確になり必要な支援につなげることができる。さらに、支援の目標や支援方法を定期的に確認しながら、継続的に支援を行うことが大切である。

(2)　保護者に対する適切な情報提供

　保育指針解説第4章1(2)子育て支援に関して留意すべき事項には、「地域における子育て支援に関する情報を把握し、そ

れらを状況に応じて保護者に適切に紹介、提供することも大切である」と記されている。ここでは、下記の事例から、適切な情報の紹介、提供について考えたい。

事例10

　1歳児で入園したMちゃんの両親はフルタイムで働いている。1年間は母親が時短勤務をしていたが、Mちゃんが2歳児になると閉所時間ギリギリに慌てて迎えにくることが多くなり、時には迎えの時間に間に合わないこともあった。Mちゃんの両親は2人とも実家が遠く、近隣に助けてもらえる人もいないことは入園の際の面談で把握していた（①）。

　担任保育者は、ほかの保護者も利用していたことから、Mちゃんの母親にファミリーサポートセンターを紹介することにした。ファミリーサポートセンターに登録をしておくと、両親の代わりにMちゃんを迎えにきてもらうことができることや休日に預かってもらうことができることを伝えると、母親も登録を考えたいというのでファミリーサポートセンターの場所を伝えた（②）。

　その後、Mちゃんの母親は、ファミリーサポートセンターを訪れ、迎えの時間に間に合わない日に利用したいため、登録をしたいことを伝えた。ファミリーサポートセンターの職員は、登録をするためには利用会員説明会への参加が必要なこと、利用については、依頼会員と提供会員（依頼を受ける人）のマッチングを行うのがファミリーサポートセンターの役割で、マッチング後には両者での事前の打ち合わせを行うことが必要なこと、できる限りお互いの条件が合う人を探すが提供会員はあくまでもボランティアであるためすべての要望に応えられるわけではないことを伝えた（③）。

　すると、母親は保育所でいつでも利用できると聞いたから来たのにと不満そうな表情をして、仕事が忙しく今度いつ来られるかわからないから、きょう登録をして帰りたいと強い口調で訴えた。

　ファミリーサポートセンターの職員は、母親の思い

を受け止めながら、大事なお子さんを安全・安心にお
預かりするために必要な手続きであることをていねい
に伝えたうえで、説明会の日程と登録の際に必要な書
類等を記載してある資料を渡すと、母親も納得し、次
回の説明会の参加予約をして帰った。

＜事例の解説＞

　事例10は、保育者が身近に支援してもらえる人がいない保
護者のためを思って、地域の資源を紹介した事例である。

　保育者は、入園時の面談や日常の関わりのなかで保護者の状
況を把握、確認（①）し、利用できる資源を紹介している。しか
し、他の保護者も利用しているからと、その資源の特性や活用
にあたって必要となることなどを伝えずに紹介している（②）。

　保育所から紹介を受けた母親は、登録の手続きに行けばすぐ
に利用できると思っていたため、できないことを知ると不満に
思い、強い口調で訴えている。ファミリーサポートセンターの
職員がていねいに説明したことで母親も納得して帰っている
が、事前に最低限の情報（③）を保育者が伝えることができてい
れば、母親が不満に思うことはなかったはずである。

　事例10のように、保護者を支援するつもりで紹介したこと
がトラブルのきっかけにならないよう、保育所以外の資源を紹
介する際には、資源の特性を調べ利用に際して最低限度伝えて
おくべきことを知っておく必要がある。また、保育者は他の保
護者等からさまざまな地域の情報だけではなく、実際の利用状
況や評判などを確認することも可能である。その情報を支援の
ツールとして活用できるよう、保育所全体で共有するようにし
ておくことも大切である。

学習のふりかえり

1 保育士がどのように子どもおよび保護者の状況や状態を把握し、子育て支援を計画するか、理解する。

2 子育て支援のための環境構成や、送迎時の会話、連絡帳、掲示物、おたより、行事などの手段を活用した子育て支援について理解する。

3 保育士が子育て支援を行う際に活用する「保育技術」「保育相談支援技術」の内容と、活用方法の実際について理解する。

4 子育て支援における職員間や他機関（多職種）との連携の実際から、職員間やその他の社会資源との連携・協働の必要性、さらに保育所（保育士）の役割について理解する。

引用文献：
*1. 橋本真紀「第3章 保育相談支援の展開」『新・プリマーズ／保育／福祉 保育相談支援』柏女霊峰・橋本真紀著、ミネルヴァ書房、2011年、54頁

参考文献：
2. 橋本真紀「保育相談支援 保育相談支援の実際」『改訂2版 新 保育士養成講座 第10巻 家庭支援論 家庭支援と保育相談支援』新 保育士養成講座編纂委員会編、全国社会福祉協議会、2015年
3. 水枝谷奈央「第6章 保育所の地域子育て支援における保育相談支援」『新・プリマーズ／保育 保育相談支援［第2版］』柏女霊峰・橋本真紀、ミネルヴァ書房、2016年
4. 水枝谷奈央「第8章 家庭支援における保育者の基本姿勢と専門性」『新・プリマーズ／保育／福祉 家庭支援論』高辻千恵・山縣文治、ミネルヴァ書房、2016年
5. 高山静子『子育て支援の環境づくり』エイデル研究所、2018年
6. 柏女霊峰・橋本真紀『保育者の保護者支援 保育指導の原理と技術』フレーベル館、2008年
7. 亀﨑美沙子『保育の専門性を生かした子育て支援―「子どもの最善の利益」をめざして』わかば社、2018年
8. 柏女霊峰ほか「本研究における保育指導技術の定義」『（平成20年度児童関連サービス調査研究等事業）保育指導技術の体系化に関する研究』こども未来財団、2009年、79頁

Ⅱ 子育て支援

第3章

保育士が行う
子育て支援とその実際

学習のポイント

　本章では、保育士が行う子育て支援について事例や実際の状況について、より具体的に学ぶ。特に、1．保育所に在籍するすべての子どもとその家庭への支援、特別な配慮を要する子どもとその家庭に対する支援、子どもの虐待の予防と対応、多様な支援ニーズを抱える子育て家庭への支援について学習する。2．保育士が行う地域の子育て家庭への支援について地域子育て支援拠点事業の実践事例をとおして理解する。3．要保護児童等の家庭に対する支援について、現状を示すデータをとおして学習する。

第1節 保育所等における子育て支援

1 保育所と保護者との相互理解

　保育所では、入所する子どもたちの家庭でのようすを把握し、保育所での子どものようすを保護者に伝えながら、子どもの生活の連続性を考慮して保育が営まれている。朝登園してきた子どもを保育士が迎えたとき、保護者に家でのようすをたずねたり、連絡帳の記入を確かめたりする。特に働いている保護者にとって、朝はあわただしい状態にあり、その短い時間のなかで必要事項を確認しつつ、保育士は子どもと保護者に寄り添った対応が求められている。

　また保護者が子どもを迎えに来る際は、日中の子どもの体調や保育所でのようすを詳細に口頭で伝える機会となる。お迎えの時間は比較的余裕のある場合が多く、保護者との貴重なコミュニケーションの時間である。子どもの保育所でのようすを肯定的に伝えることはもちろん、仕事で疲れているようすの保護者を気づかうことも必要で、そのコミュニケーションによって相互の信頼関係を築くことができる。

　保育所保育指針(以下、保育指針)では、「日常の保育に関連した様々な機会を活用し子どもの日々の様子の伝達や収集、保育所保育の意図の説明などを通じて、保護者との相互理解を図るよう努めること」が示されている。保育所保育は、子どもの保育だけでなく保護者との緊密な連携によって家庭を理解し、保護者を支援していくことが求められているのである。

　「保育に関連した様々な機会」としては、送迎時の対応、連絡帳、保護者へのおたより、保育参観や保育参加、親子遠足や運動会などの行事、入園前の見学、個人面談、家庭訪問、保護者会などが行われている。「伝達や収集」や「保護者との相互理解」とは、保育士が保護者に説明する一方的な関係ではなく、「保護者と共に」一緒に子育てをしようとする関係性が大事になってくる。

保育士は、ふだんから接する子どもや保護者との対話や親子のようすを観察することを通して、子どもの発達や家庭の問題などを抱えていないかどうかを判断している。信頼関係が築けてくると、子育てに関する悩みや不安に耳を傾けたり、聞き出したりしたうえで、適切な情報やアドバイスも日常的に行っている。家庭と保育所が互いに理解し合い、保護者との関係を深めるために、保育士は次のようなことに留意して保護者と関わっていく必要がある。

①保護者の置かれている状況を把握し思いを受け止める
②保護者が保育所の意図を理解できるように説明する
③保護者の疑問や要望には対話をとおして誠実に対応する
④保育士と保護者で子どもに関する情報交換を細やかに行う
⑤子どもへの愛情や成長を喜ぶ気持ちを伝え合う

2 保育所での具体的な保護者への支援

(1) 連絡帳、おたよりの活用

保護者との関係づくりや支援に欠かせないのは、保護者とのコミュニケーションを大切にすることである。送迎時の保護者とのコミュニケーションは、子どもの育ちの伝え合いによって共通の理解が深まり、成長を確認して共に喜ぶ機会となる。

保育所では長時間保育を行っているため、必ずしも毎日送迎時に担任保育士と保護者が顔を合わせて話ができるわけではない。そのため連絡帳でのやりとりが、保育所と家庭との情報共有であり、保護者支援にもなっている(図Ⅱ-3-1)。

連絡帳は文章のみのコミュニケーションとなるので、保育所や保育士が伝えたいことを正確にわかりやすい文章で書く必要がある。また同時に、保護者が悩んでいることや困っていることを連絡帳から的確に読み取ることも重要である。文章を書くときは、次のような点に注意する。

①１つの文は短くわかりやすく
②いつ、誰が、どこで、何をしたのかはっきりわかるように
③起こったできごと(事実)と保育者の気持ち(主観)を分けて
　書く

図Ⅱ-3-1　0歳児連絡帳の例

4月10日（木）天候（　晴　）

時刻	生活	家庭での様子		
19：00	夕食 お風呂	昨日の夕食 サツマイモ煮、りんご		今朝の朝食 ミルク、バナナ
20：00	ミルク 180ml	便の様子　（無・(普)・軟・硬・下痢）　　時間　7：30		
20：30	就寝	検温　（　36.8　）度		
		機嫌　（良い・(普通)・わるい）		
5：30	目ざめ 母乳少し	連絡 離乳食を始めているので、ミルクの量を少しずつ減らしています。でも離乳食を用意してもあまり食べてくれません。保育園ではよく食べているようですが、どんなものを好んでいるでしょうか？		
7：00	朝食			
8：00	登園			
		保育園での様子		
9：30	おやつ	おやつ　すりりんご		食欲　良
9：45	午前睡	給食　おかゆ、野菜スープ、白身魚		
10：20	目ざめ	便の様子　（無・(普)・軟・硬・下痢）　　時間　11：00		
12：00	昼食	検温　（　36.6　）度　　機嫌　(良い)・普通・わるい		
12：30	午睡	連絡 まだ6か月で離乳食を始めたばかりですから、○ちゃんのペースに合わせて無理なく進めたらよいと思います。保育園ではよく食べていますが、少し硬いと嫌がってべーっと出してしまうこともあります。薄味の軟らかいものがいいようです。		
15：00	目ざめ ミルク 150ml			

作成：橋詰

④何を伝えたいのか明確に

⑤保護者からの質問や相談の回答は素早く、ていねいに

「きょうも楽しく元気に遊んでいました」だけでは、具体的な子どものようすが伝わらないし、毎日同じような内容になると、保護者も読む意欲を失ってしまうことになる。連絡帳は子育てしている保護者にとってのオアシスのように安心や励ましを感じられる必要がある。そのため次のような点に留意することで子育て支援としての連絡帳となる。

①具体的なエピソードを書く

②保護者の気持ちに寄り添い共感をする

③マイナスに見えることもプラスに変えて伝える

④発達をとらえて、具体的な手立てを示す

⑤保育者の気持ちや感想を加える

保護者が連絡帳で口にしづらい子育てのしんどさや悩みを打ち明ける場合もあるので、その相談に答えたり保護者を励ましたりしていくことにもなる。

連絡帳の事例として、下記のように母親が子育ての大変さを素直に書いてきた場合に、どのような書き方で返答していくかを考えてみる。

事例11：保護者からの連絡帳（2歳Yちゃんの母親から）

Yちゃんは最近なんでも「いや」「しない」と言うことが多いです。朝の用意や夕食の準備で忙しくて、ゆとりのないときにごねられると困ってしまいます。私が疲れているときにYちゃんと2人だけでいると余計に疲れます。

事例12：連絡帳の書き方（2歳Yちゃんの連絡帳）

お母さんが書いてくださったYちゃんのおうちでのようすが保育園でも見られます。何でも「イヤ！」と言われると困ってしまいますね。お友だちがおもちゃを「貸して」と言っても「イヤ！」、トイレに行こうと誘っても「イヤ！」の連続でした。

Yちゃんは自我がめばえ、自分の意思をはっきり主張するようになりました。これも一段階お姉ちゃんになったということで喜ばしいことです。Yちゃんの気持ちも受け止めながら、「後で貸してね」や「行きたくなったら言ってね」など私たちも気持ちの余裕をもって、待つような声かけをしています。

このように、**イヤイヤ期**への対応に困っている保護者に対して、困りごとは子どもの成長のしるしであるという肯定的なとらえ方をし、保育園での対応の仕方を具体的に示すことで、親にとっての気づきと安心につながっていく。

近年は多くの保育所がICT（情報通信技術）を活用してさまざまな情報を発信し、保護者との連絡ツールとしてアプリを使用している。ホームページでは保育所の概要、1日のプログラム、行事、アクセスなどを確認することができる。また、在園児の登降園の打刻・履歴を管理することもできるシステムもある。アプリでは保護者用パスワードで閲覧、入力ができるので、保

> **イヤイヤ期**
> 2歳ごろになると、生活面（食べる、着替えるなど）は自立にむかい、自分でできることが増える。「自分で」「イヤ」という言葉でやりたいこと、やりたくないことの意思表示が増え、おとなにとっては育児がむずかしくなる時期なので「反抗期」とも言う。

護者はスマホで保育所とのやりとりが可能になっている。例えば連絡帳のやりとり、施設への欠席連絡、施設からの一斉連絡や個人連絡、動画や写真の閲覧、クラスだより、行事や献立のカレンダーなどである。

このような保護者と保育所の双方が発信する情報は、子どもの育ちを共有しながら一緒に子育てをしていくために重要である。保育所として大事にしていることやクラスとしての目標や活動などを伝える機会となり、集団生活のなかで子どもたちが互いに影響し合って成長している姿を伝えることもできる。保護者にとっては、家庭では見られない集団活動をとおして子どもの成長を知るツールとなっている。

(2)　クラス懇談会、保護者会を通して

保護者が集まる懇談会は、保育所での保育活動や子どものようすを伝えるだけでなく、家庭でのようすや保護者の立場からの意見を聞く機会となる。この双方のやりとりによって、保育所と家庭が子育てを一緒に考えていくことができる。保護者の意見を尊重することで、日々の保育の質を高め、よりよいクラス運営につながる。

懇談会に参加した感想では、「子育ての悩みが自分だけではないことを知り安心した」「先輩ママの話が聞けて参考になった」「気軽に話ができて楽しかった」などが聞かれる。このように保護者同士で交流し情報を伝え合う機会は、子育てに関する悩みを共有したり、困りごとへの工夫や知恵を得るという子育て支援になるのである。

保護者会は保育所によって運営方法が異なっているが、保護者が主体となって参加し、保護者同士の親睦を図り、保育所との連携をしていくことを目的として行われている。送迎の時間やクラスが異なると顔を合わせることのない保護者が交流する機会となり、子育ての仲間づくりや小学校就学後でも地域のつながりを保つことができる。

(3)　保護者への個別の支援

保育指針「第4章　子育て支援」では、「子どもに障害や発

達上の課題が見られる場合」「**外国籍家庭**など特別な配慮を必要とする場合」「保護者に育児不安等が見られる場合」「不適切な養育等または虐待が疑われる場合」に個別の支援を行うよう努めるということが提示されている。保育所には、子どもや家庭が抱える課題を見つけ、適切な支援をしながら解決するという役割が期待されているのである。

　子育てをしていくうえで、子どもの発達、個性、保護者の生活スタイルなどさまざまな要因がからみあい、保護者が不安や困難な状況になることは少なくない。相談できる人がいないと、より不安を1人で抱え込むことになり、不適切な養育や虐待につながってしまう場合もある。保育所はそのような保護者を支え、共に子どもを育てる関係にある。

> ### 事例13：発達が気になる子どもをもつ保護者
>
> 　2歳のNちゃんは言葉が少なく、目線が合わない、多動など発達について気になる点があり、担任保育士は発達の専門家に相談したほうがよいのではないかと感じている。
> 　母親は1歳半健診のとき保健師に指摘され「ようすを見て」と言われる。「ようすを見て」と言われてもどうすればよいかわからず、不安なまま過ごしていた。父親は忙しく、育児に参加することもなく母親の相談にのることもない。予想のつかない行動をとるNちゃんの育児に、母親は疲れたようすで、2歳を過ぎてから保育所の担任に相談があった。

　担任の保育士は、保育所でのケース会議でNちゃんのようすを報告し、職員全体で共通認識をもつようにした。また、**巡回指導**する発達の専門員にも相談を定期的に行っていた。保護者から相談を受けたときは、担任の保育士だけでなく主任保育士や所長など複数の保育士で対応し、**チームとしての支援**を行うようにした。Nちゃんの母親にはまず、困っている状況を聞き、**発達相談機関**を紹介することになった。

　個別の支援をしていく過程で、保護者にとってどのような段階の支援（見守り、相談、援助）が必要なのかを見極め、次にど

外国籍家庭
保育所等に通う外国籍や外国にルーツをもつ児童が増えている。地域社会の文化背景や価値観が異なる、英語以外の言語をもつためにコミュニケーションがむずかしいなど、保護者のための子育ての情報やサービスが届かず、暮らしにくさを感じている場合がある。

巡回指導
保育所や認定こども園などに、保育指導、発達指導、保健指導など目的に合わせて、契約した専門家（医師、保健師など）が巡回して定期的に指導する。

チームとしての支援
目標や課題に応じて集まったチームで協力し、対象となるケースにそれぞれの役割を明確にして取り組む支援。保育所内でも担任保育士、加配保育士、栄養士、看護師、主任、所長などのチームで1つの家庭を支援している。

発達相談機関
発達障害に関する相談を受け付けてくれる機関は、市町村保健センター、子育て支援センター、児童相談所、発達障害者支援センター、療育通園施設などである。自治体によって機関の名称が異なる場合もある。

のように解決していくのか具体策を保護者と一緒に考えていくことが大切である。Nちゃんの母親は発達相談機関から専門の病院と療育機関を紹介され、母子で定期的に通うようになり、アドバイスや支援を受けながら安心して子育てができるようになった。

(4)　関係機関との連携

　個別の面談によって保護者と子どもの抱える問題が明らかになっても、保育所だけでは対応がむずかしい場合は、他の専門家などに相談したり、専門機関につないでいく必要がある。問題解決のためには、保護者に必要な情報を提供したり、それを得る方法や場所を伝えたり、専門機関を紹介したりする必要が生じる。

　例えば、「休日や夜間に診療してもらえる小児科がどこにあるのか」「発達の遅れが気になるがどこに相談に行けばよいのか」などの質問や相談に応えるためには、ふだんから子育てに関する情報や地域資源を十分に知っておくことが大切である。日ごろから子育てに関する諸機関、例えば管轄の児童相談所、要保護児童対策地域協議会などと連携を取っておくと、地域資源[注1]が活用しやすくなり、それらの機関から新たな情報や支援を受けることもある。

　平成27(2015)年度より利用者支援事業がはじまり、多様な子育てニーズに応えるため、さまざまな施設・事業等が地域で実施されている。保育所では、「地域の子育て支援拠点としての機能」が求められており、**園庭開放**や一時預かり[注2]などの事業を行っている。地域の子育て支援事業と保育所が連携することで、保育所は地域に暮らす子育て家庭のための地域資源の1つとしての役割を担っている。

注1
　第Ⅱ部第2章第1節2「子どもおよび保護者の状況・状態の把握と分析」を参照。

園庭開放
　保育所、幼稚園などで、地域の乳幼児とその保護者を対象に園庭を開放し、在園の子どもと一緒に遊んだり、自由に遊具を使って遊ぶなど、身近で安全な遊びの環境を提供する子育て支援事業。

注2
　第Ⅰ部第3章第2節4「子ども施策の総合的な推進へ」を参照。

第2節 特別な配慮を要する子どもおよびその家庭に対する支援

1 病気の子どもと家族への支援と病児・病後児保育

> **事例 14**
>
> 　Aちゃんは、母親が仕事に復帰したため、保育所の2歳児クラスに4月から通いはじめた。5月の連休明けの保育中、Aちゃんは38℃の熱が出てぐったりしており、少し足を引きずっているようすもみられたため母親に連絡したところ、母親は早めに保育園に迎えに来た。
> 　母親は看護師をしていて、急遽仕事を休むことができず、父親は出張中なので、明日は多少の熱があっても預かってもらうことはできないだろうかとクラス担任の保育士に話してきた。

　事例14のような話があったときに、あなたがAちゃんの担任の保育士であったら、どのように対応するだろうか。母親の話をどのように受け止めて、具体的にどんな話をするだろうか。
　子どもが病気になったときの支援として、病児・病後児保育がある。病児・病後児保育は、共働き家庭で保育所などに通う子どもが病気のときやその回復期に、親の就労との両立のために病気の子どもを預かるものである。児童福祉法では、第6条の3第13項で「病児保育事業とは、保育を必要とする乳児・幼児又は保護者の労働若しくは疾病その他の事由により家庭において保育を受けることが困難となつた小学校に就学している児童であつて、疾病にかかつているものについて、保育所、認定こども園、病院、診療所その他内閣府令で定める施設において、保育を行う事業をいう」と定めている。

また、平成24(2012)年に成立した子ども・子育て支援法では、地域子ども・子育て支援事業として病児保育事業を位置付けている。こども家庭庁は、病児対応型・病後児対応型、体調不良児対応型、非施設型(訪問型)、送迎対応等の事業類型を定めている。「病児保育事業実施要綱[*1]」では、この事業の目的を「保護者が就労している場合等において、子どもが病気の際に自宅での保育が困難な場合がある。こうした保育需要に対応するため、病院・保育所等において病気の児童を一時的に保育するほか、保育中に体調不良となった児童への緊急対応並びに病気の児童の自宅に訪問するとともに、その安全性、安定性、効率性等について検証等を行うことで、安心して子育てができる環境を整備し、もって児童の福祉の向上を図ることを目的とする」と示している。

　病児対応型は、児童が病気の「回復期に至らない場合」であり、かつ、当面の症状の急変が認められない場合、病後児対応型は、児童が病気の「回復期」であり、かつ、集団保育が困難な期間において、当該児童を病院・診療所、保育所等に付設された専用スペースまたは本事業のための専用施設で一時的に保育する事業である。体調不良児対応型は、児童が保育中に微熱を出すなど「体調不良」となった場合において、安心かつ安全な体制を確保することで、保育所における緊急的な対応を図る事業および保育所に通所する児童に対して保健的な対応等を図る事業である。非施設型(訪問型)は、児童が「回復期に至らない場合」または、「回復期」であり、かつ、集団保育が困難な期間において、当該児童の自宅において一時的に保育する事業となっている。

　送迎対応は、病児対応型、病後児対応型、体調不良児対応型において、看護師、准看護師、保健師または助産師または保育士を配置し、保育所等において保育中に「体調不良」となった児童を送迎し、病院・診療所、保育所等に付設された専用スペースまたは本事業のための専用施設で一時的に保護者が迎えに来るまでのあいだ、保育することを可能とするものである。

　病児を預かる他の事業としては、平成21(2009)年度から子育て援助活動支援事業(以下、ファミリー・サポート・センター)における病児・病後児等預かり事業もある。都市部では、NPO法人による病児保育サービスなども展開されている。病児・病

後児保育は、子どもが体調不良や病気のときの保育ではあるが、病気をしないで成長する子どもはなく、すべての子どもに対する支援であるともいえる。

　子どもやその家族が生活する地域には、市区町村により施設数や形態の違いはあるが、これらの病児保育実施施設がある。預かることができる子どもの病状、利用児童の対象年齢、保育時間、定員、食事提供の有無、利用料金、利用方法やその手続き、利用登録の有無など施設ごとに違いがあるので、身近な病児・病後児保育実施施設の実施状況の把握をしておく必要がある。病気の子どもや家族の状況に合わせて、ニーズや思いを受容し、情報提供をしつつ、その相談に対応していきたい。

2　医療の場での保育や医療的ケアを必要とする子ども・家庭の支援

　子どもが病気になった際に行われる保育は、病児・病後児保育事業で行われる保育だけではなく、入院や通院を必要とする子どもの病院内での保育や医療的ケアの必要な子どもの保育、支援もある。

事例15

　Aちゃんは、6か月健診で首の座りが悪く医療機関での診察を勧められ、総合病院を受診した。検査の結果、筋萎縮症と診断を受け、入院することとなった。Aちゃんの家族は、突然の生活の変化と今後の不安でいっぱいの毎日であった。全身の筋力低下により哺乳・嚥下・呼吸・座位・起立・歩行等が困難となり、経管栄養での食事、人工呼吸器の装着、痰の吸引など医療的ケアを受けながら1日のほとんどをベッド上で過ごしていた。音声での会話はできないが、医療スタッフや病棟保育士、ボランティアのはたらきかけもあって、腕や腹部のわずかな筋力、顔の筋肉を使って、手、指、眉、目、口、腹部を動かして簡単なやりとりができている。入院中は、病院に勤務する病棟保育士とボランティアが保育を行い、Aちゃんのできることを生かして工夫しながら映像を用いた遊び、絵本・工作・歌・

楽器演奏などの表現遊びを楽しむこともしていた。Ａちゃんが３歳になり、退院して地域で医療的ケアを受けながら生活すること、母親が仕事復帰を希望していることから医療的ケア児が入所できる地域の保育園を探している。

　事例15のような場合には、どのような支援がＡちゃんや家族に対して考えられるだろうか。

　子どもが病気やけがで入院や通院をすることになったとき、医療の場では、治療することが優先されるが、治療だけでなく、子どもの生活や成長を支える保育や教育、心理的なケアも重要となる。また、病院に入院する子どもだけではなく、家族への支援等も必要となる。病院での保育士の導入、院内学級や訪問教育、育ちの機会の保障も必須なものであるが、整備の進んでいる病院はいまだ少ない。また、入院を必要とする患者家族滞在施設や相談体制の整備、NICU に長期に入院する患児や急性期を乗り切ったハイリスク児、長期慢性疾患児の在宅医療の推進や患者家族の相談やレスパイトケア体制を整備することも課題となっている。こうした状況に対して、平成26（2014）年に小児慢性特定疾病の患者に対する医療費助成に関して、公平かつ安定的な制度を確立するほか、基本方針の策定、慢性疾病児童の自立支援事業の実施、調査および研究の推進などの措置を講ずることを趣旨として、児童福祉法の一部改正があり、平成27年1月に施行された。

　令和3年（2021）年6月には「医療的ケア児及びその家族に対する支援に関する法律」が公布され、9月に施行されている（図Ⅱ-3-2参照）。第1条では、「この法律は、医療技術の進歩に伴い医療的ケア児が増加するとともにその実態が多様化し、医療的ケア児及びその家族が個々の医療的ケア児の心身の状況等に応じた適切な支援を受けられるようにすることが重要な課題となっていることに鑑み、医療的ケア児及びその家族に対する支援に関し、基本理念を定め、国、地方公共団体等の責務を明らかにするとともに、保育及び教育の拡充に係る施策その他必要な施策並びに医療的ケア児支援センターの指定等について定めることにより、医療的ケア児の健やかな成長を図るととも

NICU
（新生児集中治療室）
Neonatal Intensive Care Unit の頭文字をとった略語。早産や低体重で生まれた新生児や、出産後に何らかの重い病気で治療を必要とする場合に、より集中的な治療・看護を行うための設備と医療スタッフを備えた治療室。

図Ⅱ-3-2　医療的ケア児及びその家族に対する支援に関する法律の全体像

（令和3年法律第81号）（令和3年6月11日成立・同年6月18日公布）

◎医療的ケア児とは
　日常生活及び社会生活を営むために恒常的に医療的ケア（人工呼吸器による呼吸管理、喀痰吸引その他の医療行為）を受けることが不可欠である児童（18歳以上の高校生等を含む。）

立法の目的
○医療技術の進歩に伴い医療的ケア児が増加
○医療的ケア児の心身の状況等に応じた適切な支援を受けられるようにすることが重要な課題となっている
⇒医療的ケア児の健やかな成長を図るとともに、その家族の離職の防止に資する
⇒安心して子どもを生み、育てることができる社会の実現に寄与する

基本理念
1　医療的ケア児の日常生活・社会生活を社会全体で支援
2　個々の医療的ケア児の状況に応じ、切れ目なく行われる支援医療的ケア児が医療的ケア児でない児童等と共に教育を受けられるように最大限に配慮しつつ適切に行われる教育に係る支援等
3　医療的ケア児でなくなった後にも配慮した支援
4　医療的ケア児と保護者の意思を最大限に尊重した施策
5　居住地域にかかわらず等しく適切な支援を受けられる施策

| 国・地方公共団体の責務 | 保育所の設置者、学校の設置者等の責務 |

支援措置

国・地方公共団体による措置
○医療的ケア児が在籍する保育所、学校等に対する支援　○医療的ケア児及び家族の日常生活における支援　○相談体制の整備　○情報の共有の促進　○広報啓発　○支援を行う人材の確保　○研究開発等の推進

保育所の設置者、学校の設置者等による措置
○保育所における医療的ケアその他の支援
　➡護師等又は喀痰吸引等が可能な保育士の配置
○学校における医療的ケアその他の支援
　➡看護師等の配置

医療的ケア児支援センター（都道府県知事が社会福祉法人等を指定又は自ら行う）
○医療的ケア児及びその家族の相談に応じ、又は情報の提供若しくは助言その他の支援を行う
○医療、保健、福祉、教育、労働等に関する業務を行う関係機関等への情報の提供及び研修を行う　等

施行期日：公布の日から起算して3月を経過した日（令和3年9月18日）
検討条項：法施行後3年を目途としてこの法律の実施状況等を勘案した検討
　　　　　医療的ケア児の実態把握のための具体的な方策／災害時における医療的ケア児に対する支援の在り方についての検討

出典：厚生労働省「医療的ケア児及びその家族に対する支援に関する法律」について

に、その家族の離職の防止に資し、もって安心して子どもを生み、育てることができる社会の実現に寄与することを目的とする」と示している。第2条では、「『医療的ケア』とは、人工呼吸器による呼吸管理、喀痰吸引その他の医療行為をいう。」「『医療的ケア児』とは、日常生活及び社会生活を営むために恒常的に医療的ケアを受けることが不可欠である児童」と定義している。全国の0歳〜19歳までの医療的ケア児（在宅）は、令和4（2022）年で推計2万385人とされている。

　国は、「医療的ケア児保育支援事業」を実施し、保育所等での医療的ケア児の受け入れを支援しているが、十分に整備が進んでいるとは言いがたい。「保育所等における医療的ケア児の

受入れ方策及び災害時における支援の在り方等に関する調査研究」では、令和6(2024)年3月に「保育所等での医療的ケア児の支援に関するガイドライン」改訂版を公表している。医療的ケア児の受け入れにあたり必要となる基本的な考え方や留意事項等が具体的に示されており、保育所等での医療的ケア児の円滑な受け入れ、支援が図られることが期待される。

重い病気の子どもや医療的ケアを必要とする子ども、家族に対する支援は、病院や地域による格差も大きく、支援のための体制整備、地域の関係機関や専門職、関係者同士の連携の推進が求められる。

第3節

児童虐待の予防と対応

1　子育てと子どもの育ち

社会情勢の変化が子どもの子育てや子どもの育ちに影響していることを感じる時代である。保育現場でも生活リズムの乱れによる睡眠不足や栄養の偏りがある子ども、**情緒が不安定**な子ども、いらいらして攻撃的になる子どもなどが見られることがある。これらは言葉で助けを求められない子どもたちからのサインでもある。

子どもたちは自分の困り感やしんどさを言語化して伝えることができないので、荒れる姿や過剰に甘える姿で苦しい胸のうちを表している場合が多い。そのような子どもの姿から「本当の気持ちを理解」し、「あたたかく寄り添う」保育士の専門性が必要になってくる[2]。

子ども理解を深めようとすると、その家庭の事情や保護者の心情にも気を配る必要がある。長時間労働や自己責任が問われる社会のなか、子育て世帯には生活の不安や子育てのむずかしさが増している。ひとり親家庭も増えており、地域の**福祉事業**を知らないまま孤立している場合もある。このように育児負担が母親・父親ひとりにのしかかっている状況で相談相手や支援

情緒の安定

保育所保育指針による「情緒の安定」のねらいとして、一人ひとりの子どもが①安定感をもって過ごす、②自分の気持ちを安心して表す、③自分を肯定する気持ちが育まれる、などが記されている。子どもは自己を肯定し、周囲の人への信頼感をもつことで情緒が安定する。

福祉事業

障害や高齢、低所得などでの生活上の困難に対して、その解決や緩和をめざす社会的な施策のこと。保育や子育て支援などの保育事業も含まれる。

がなければ、不安や生活の苦しさで子どもにつらくあたるなど、誰もが虐待をしてしまう危うさがある。

このような時代に保育所は、子育て支援と虐待予防の役割を担う場所となり、子育てに苦しむ保護者と、助けを求めることができない子どもの両方に手を差し伸べることができる。保育士は子ども側に立ち「虐待から子どもを守る」という使命感で、虐待をしてしまう親を「加害者」、子どもを「被害者」としてとらえがちである。しかし、どんな親でも子どもとむき合いながら、日々葛藤と後悔のなかで子育てをしているのであって、その家庭や保護者も社会が支えて、虐待に至らない、深刻化しないように守っていかなければならない。

2　保育所での虐待予防・早期発見

虐待による子どもの被害をできるだけ少なくとどめるためには、虐待を早期に発見していくことが重要となる。保育者が虐待について広い知識をもち、保護者や子どもが発するサインに気づく目を養い、虐待予防を念頭に、日常の保育や子育て支援をしていく必要がある。知識があれば新しい視点をもって親子を観察し、いままでに見過ごしていたサインをキャッチすることができるようにもなる。「保育者の目を養う」というのは、虐待のサインを早期に発見し、虐待が深刻になる前に子どもと保護者を適切に支援するためで、決して保護者を監視する目的ではない。

虐待のリスクを確認するには**アセスメントシート**を活用することが有効である。アセスメントシートは、保育者が日常的な子どものようすと保護者のようすについての項目にチェックする形式などがある。表Ⅱ-3-1 は、ちゃいるどネット大阪が作成した様式で、その一部を紹介しているが、「子どもの様子」では①生活全般、②情緒面、③対人関係、④ことば、に分類して 108 項目ある。「保護者の様子」では、①養育態度に関すること、②養育環境に関すること、③言動に関すること、④保護者の関係のなかで推察される状況、⑤対人関係に関すること、⑥経済基盤に関すること、として 68 項目ある。このシートは虐待の疑いを確認するだけでなく、虐待に対する職員の意識向上や情報の共有にも生かすことができる。クラスで子どもの気

アセスメント
アセスメントとは、利用者を理解するための事前面接のことである。保育でのアセスメントは、日常の保育や面談で見えてくる子どもの育ちや家庭の状況を把握するための評価である。

アセスメントシート
保育場面での子どもや保護者のようすに関する項目をチェックすることで見えてくる育ちや子育ての評価を記すシート。「子ども虐待評価チェックリスト」（厚生労働省）や保育所等が活用できる「子どもを守るアセスメントシート」（NPO 法人ちゃいるどネット大阪）等が作成されている。

になるようすが見られたら、複数の保育者(クラス担任だけでなく他の職員の目も大切)でチェックすることが望ましい。保育者がチェック項目を確認することで、子どもと保護者のようすを意識的にとらえ、身体的虐待、性的虐待、ネグレクト、心理的虐待の特性を理解する手がかりにもなる(表Ⅱ-3-2)。

　虐待の早期発見には、保育所全体での取り組みが重要である。「気づく」⇒「確認する」⇒「共有する」⇒「組織で判断する」という流れによって、職員全体で情報共有を行い、対応のあり方を判断していくことになる。ふだんの保育所生活のなかで、何か「変だな」と気づいたとき、担任はひとりで抱え込まず主

表Ⅱ-3-1　虐待リスクを確認するアセスメントシート

＜子どもの様子＞	第1回	第2回	第3回
不自然な傷が頻繁に認められる □頭部　□腹部　□顔面　□その他			
特別な病気がないのに、身長や体重の増えが悪い			
虫歯があり、促しても治療につながらない			
＜保護者の様子＞			
朝食を提供していない			
体罰を肯定している			
きょうだいの間に養育態度の差がある			

※記入方法は右のチェック欄(3回分)に☑を入れ、不確かな場合は「不」と記入し、補足することがあれば補足欄に記入する形式。

出典：特定非営利活動法人 ちゃいるどネット大阪「子どもを守るアセスメントシート」の一部
保育所・幼稚園・こども園・支援センター用

表Ⅱ-3-2　虐待の種類

虐待の種類	定義と具体的な内容
身体的虐待	児童の身体に外傷が生じ、または生じる恐れのある暴行を加えること。具体的には打撲、火傷、内臓損傷、骨折、激しく揺さぶる、溺れさせる、戸外に締め出す、意図的に子どもを病気にさせるなどの行為をさす。
性的虐待	児童にわいせつな行為をすること、またはわいせつな行為をさせること。具体的には子どもへの性交、性的暴行、性器を触るまたは触らせる、性器や性交を見せる、ポルノグラフィの被写体などを子どもに強要するなどがある。
ネグレクト	児童の心身の正常な発達を妨げるような著しい減食、長時間の放置などをさす。具体的には家に閉じ込める、病気でも受診しない、保育所・学校に行かせない、長時間不潔なままにするなどである。
心理的虐待	児童に対する著しい暴言または拒絶的な対応をさす。子どもの心を傷つける言動や拒否的な態度である。DV(ドメスティック・バイオレンス)による親の暴力を子どもが目撃することも心理的虐待となる。

出典：倉石哲也『保育現場の子ども虐待対応マニュアル』中央法規出版、2018年、15頁より橋詰作成

任や所長に相談することが大切である。あざや傷跡など虐待が疑われる場合は、日時や事実を記録し、写真を撮っておくことも必要である。職員全体で情報を共有したり、後日関係機関との**ケース協議**でも証明することができる。

虐待が疑われる場合には、「速やかに市町村又は児童相談所に通告し、適切な対応を図ること」が保育指針でも定められている。保育士は児童虐待を発見した場合、**通告**することが義務付けられている。たとえ虐待の確証が得られない場合でも、虐待の疑いを発見したら関係機関に情報提供する必要があるとしている。組織として早期に対応することで、子どもの命を守り、保護者や家庭を守ることにつながるのである。

3 保育所での虐待対応の事例

保育所では、子どもと保護者のようすを毎日確認できるので、保護者の話を聞いたり、日常の子どものようすから少しの変化にも気づくことが可能である。保育所での事例を通して、早期発見、早期支援のあり方を考えてみる。

事例16：身体的虐待が疑われる

Aちゃんの家族は、共働きの両親と同じ保育所に通う1歳の弟がいる。父親は夜遅くまでの仕事で忙しく、母親はパートで働きながら、ほぼ1人で子育てをしている。

ある朝、3歳のAちゃんが母親と登園してきたとき、Aちゃんの頬に叩かれたようなあざがあった。これまでも午睡時の着替えのときに、ときどき、背中やお腹に不自然なあざらしき跡があることに担任保育士は気づいていた。その日、担任保育士がAちゃんの母親にあざの原因を聞いてみたところ、母親は「お風呂で転んだ」と言うものの、大人の手で殴られたような跡だと思われる。後でAちゃんにも聞いてみたが、「転んだ」としか言わない。

ケース協議
ケース会議、ケースカンファレンス、事例検討会などともいう。援助に関わる関係者が集い、利用者の状態や支援経過報告など情報を共有し、援助内容の適切さや新たな課題・方法などを検討する会議。

虐待の通告
児童虐待防止法（第5条、第6条）では、児童と関わりのある職務にある者は、虐待防止のための啓発や教育を行う義務があるとされている。

第3章
保育士が行う子育て支援とその実際

(1) 変化に気づく

　Ａちゃんは１歳児クラスから保育所に通いはじめ、母子共に健康的であったが、弟が生まれたころよりＡちゃんのようすに変化が出てくる。保育士に甘えることが増え、急に泣き出すなど、弟が生まれたことで不安定になっていると担任保育士は判断していた。

　しかし、午睡時に着替えるとき背中や腹部にあざや打身のような跡が見られるようになる。そのことは他の保育士にも確認してもらい主任や所長にも報告する。頬のあざについては、明らかに叩かれたような跡だったので写真を撮って記録する。

(2) 虐待リスクの確認

　Ａちゃんと母親のようすの変化や虐待の疑いを確認するために、アセスメントシートを複数の保育士でチェックする。その結果、次のような項目でリスクが高いことがわかる。

＜Ａちゃんのようす＞
①ときどき不自然な傷やあざが認められる
②反応や表情が乏しく、笑顔が少ない
③気に入らないことがあると長時間泣きわめくことがある
④友だちや集団で遊ぶことが少なく、ひとり遊びが多い
⑤明らかに叩かれた跡があっても保護者をかばう

＜保護者のようす＞
①Ａちゃんに対して拒否的な態度が見られる
②子どもの傷の状況と母親の説明のつじつまが合わない
③きょうだいのあいだに養育態度の差がある
④子育てにストレスを感じている

(3) 職員全体で情報共有と保護者支援

　Ａちゃんと母親の情報や担任保育士によるアセスメントの結果を職員全体で共有する。朝の登園時は、受け入れた保育士がＡちゃんの身体をチェックし、あざなどあれば母親に原因を確認し、聞き取りをていねいにするように心がけた。

　母親が話しやすい関係や雰囲気をつくるため、お迎えのとき

は必ず声をかけようにする。母親の体調を気づかったり、下の子の子育てについても尋ねたりしながら、子育てを1人で頑張っていることを認めるような話をする。保育所は母親の味方であるという安心感をもってもらうように配慮をする。

（4）　通告と関係機関との連携

　保育所では情緒が不安定な子どもや、身体的虐待を疑うようなあざや傷に気づくことがある。身体的成長の遅れや衣類の状況から育児放棄を疑う、あるいは登降園時に親子の会話から心理的虐待を見る場合もある。このような虐待の背景には、家庭のなかで父親の育児参加がなく母親だけが子育てを担い、心身ともに疲れている状況であったり、経済的な貧困やDVなどの問題を抱えている場合もある。親子のようすを観察しながら虐待用アセスメントシートのチェックをしていくなかで、保育所だけでは対応がむずかしいと判断されることがある。そのような状況を把握した場合は、子育てを包括的に支援する機関であるこども家庭センターに通告し、支援を求める必要がある。通告後はこども家庭センターと情報を共有しながら連携をし、支援を進めていくこととなる。

（5）　保育所で支援できることを実践する

　保育所では、Aちゃんへのていねいな関わりと生活援助を行い、母親には保育所だけでなく困ったときに相談できる機関が地域にあることを伝える。保護者の話をていねいに聞くときは、不適切な養育について責めたり批判したりしないことを心がけ、子育ての辛さや不安を受け止めて信頼関係を深めるようにする。これらの支援の経過を記録し、関係機関との協議で報告する。

　児童委員の見守りや保育所での支援が進むにつれて、母親の子育てへの不安が軽減していき、母親の精神面にゆとりも出て表情も明るくなる。母親がおちつくとAちゃんの言動も変化し、クラスの友だちと遊ぶことが増えていく。親子の不適切な情動は、ゆとりのなさからきており、周囲の支援によってゆとりをもてるようになれば心も安定し、親子関係や生活状況も改善し

ていくことができる。

里親家庭
児童福祉法により定められている制度で、保護者のいない児童、保護者の養育が不適当とされる児童を里親もしくは保護受託者に委託する。施設入所が長期にならないよう里親による家庭的な環境での養育が推進されている。

養子縁組家庭
血縁関係がない者のあいだで、法律的に親子関係を成立させる制度で、縁組によって法定親子関係が認められる。

4　配慮の必要な家庭への支援

　保育所には、ひとり親家庭、外国籍家庭、**里親家庭**や**養子縁組家庭**など、配慮を必要とするさまざまな家庭が存在する。配慮の必要な家庭への支援は、保育所だけではむずかしい場合もある。子育て家庭の抱えている困難を把握した場合は、地域の関係機関との連携が重要となる。令和4年児童福祉法改正に伴いこども家庭センターが創設されている。こども家庭センターは母子保健・児童福祉機関との連携・協働を深め、虐待への予防的な対応から子育て困難を抱える家庭まで包括的に支援する機関である。保育所は地域の子育て相談機関としての役割を担いながら、こども家庭センターと情報を共有し、それぞれの専門性を活かして子育て家庭に必要な支援を切れ目なく継続的に行っていくことが求められている。

第4節　多様な支援ニーズを抱える子育て家庭の理解とその支援

　近年、子どもを取り巻く環境は多様化しており、家庭内の生活仕様や親子関係のあり方もさまざまであることから、子どもが育つ家庭のなかには多様な支援ニーズが存在している。それは常に顕在化したわかりやすい状態ではなく、むしろ見せかけのニーズのもとに幾重にも重なっており、保育士をはじめ子どもに直接関わりをもつ専門職の福祉センスやアンテナに頼っていることも多い。しかし、子どもの育ちを保障する環境整備の観点からも、多様な専門職の介入が行われている実態を理解し、保育士の適切な支援によって問題が深刻化しないようにしていくことが大切である。

　次の事例は、保育所での気づきがきっかけで問題の一端が見えはじめ、支援が進むなかで徐々に現れる問題に、さまざまな関係機関がネットワークを組みながら支援したケースである。保育所での気づきは、日常の子どもと家庭（保護者）のようすを

継続的に見ることによってうながされる。しかし、実際の保育現場に直接的に関わるものでない場合は、気づかずに見過ごしてしまうだろう。この事例は、できるだけ早く専門機関につなげ、自治体の支援ネットワークのなかでの継続的対応につなげていくことが重要であることを示しているものである。支援にはいくつかの段階（きっかけ）があり、そのタイミングでの適切な関わりがいかに重要であるかを、この事例は示している。

1　段階1：保育所の気づきと支援へのきっかけ

事例17

　おちつきがなく、突然叩いたり蹴ったりするＡちゃんについて、保育園は保護者にＢ市の**児童発達支援センター**[注3]を紹介し、母親が近々相談に訪れることになっていた。また、担任はＡちゃんのようすのほかにも気になることがあった。それは、Ａちゃんの送迎をしていた父親を最近見かけなくなったことであった。

　ある日担任が母親に、児童発達支援センターに行ったかどうかたずねた。母親は「いま仕事が忙しくて」と答えた。担任は「最近お父さんは忙しいようですね」と続けた。多忙な保護者をねぎらう気持ちで発したひとことだった。母親は「ええ、部署が変わって大変みたいです」と答えた。

　翌日、母親から担任に電話がかかってきた。「忙しいのに児童発達支援センターに行け行けとしつこい。それに、父親が送迎しないといけないのか」。厳しい口調だった。担任は「言葉が足りなかった」とひたすら詫び、園長に報告し、園長が母親と面談することとなった。

　園長との面談において母親はいろいろと語った。「Ａちゃんは、小さいころから頑固で泣き出すと止まらない。強く叱って自己嫌悪に陥ることもあった。3歳児健診で相談したが、気質の関係だと言われた。でも最近は前よりもひどい」などと苦労話を続けた。また、「夫

注3・・・・・・・・・・・・・・・
　第Ⅰ部第3章第1節2「児童福祉施設」を参照。

からはおまえの育て方が悪いと言われ、義母からは息子の小さいときと全然違うと言われた」とも語った。そして「実は最近、夫と別居した。それもあって、いまはおちつかない」と話した。

　園長は母親の話に耳を傾け、「児童発達支援センターは**幅広い相談**にのって子どもの育ちを応援してくれるところです。でもいまは大変そうだから、児童発達支援センターのことは一段落してから考えましょう。おひとりで何か困ったことがあれば、いつでも相談してください」と伝えた。母親も次第に穏やかな表情になり、担任についても「いつも明るい笑顔に励まされている」と話した。そして、「園長と話ができてよかった」との言葉を残して帰宅した。

幅広い相談
「児童発達支援ガイドライン」（令和6年7月）は、児童発達支援センターが地域の中核的役割を担うための機能の一つとして、「発達相談の入口としての幅広い相談機能」を示している。家族が子どもの発達に不安を感じる等、「気づき」の段階にある子どもや家族に対し幅広い相談に対応するとしている。

＜事例の解説＞

①担任が母親からの苦情を園長に報告したことが、支援の端緒となった。

　無断欠席をしたり提出物を出さない、着替えの用意が極端に少ないなども家庭の状況を理解する手がかりになるが、不満や不快の訴えも保護者の抱える問題を把握したり、保護者とつながったりするきっかけとなる。どんな苦情・クレームでも気兼ねなく報告、相談できる体制、職場の雰囲気づくりが大切である。

②母親は「園長と話ができてよかった」と言って安心して帰った。

　それができたのは、園長が母親の気持ちを受け止め信頼関係がつくられたことによるが、担任がふだんから明るいあいさつや対話を心がけていたので、母親が保育園によい印象を抱いていたことも大きい。

　明るい笑顔と日常のさまざまな機会をとらえてのコミュニケーションが、保護者を支援するための基礎的な取り組みである。

2　段階2：虐待通告により母親の精神的不安の増大

事例18

　しばらくして児童相談所へＡちゃんの虐待通告がされた。匿名の近隣の住民からで、泣き声と怒鳴り声が聞こえるというものだった。児童福祉司が訪問すると母親はびっくりしたようすだったが、「近所迷惑だったんですね。わざわざすみません」と言ってすぐに室内に招き入れた。

　児童相談所では、Ａちゃんに傷やあざがないことや室内のようすなどから虐待ではないと判断した。「何か困ったときは保育園やこちらでも相談できる」と、市のこども家庭センター[注4]のパンフレットを母親に渡して帰り、保育園にことの経過を説明した。

　一方、訪問を受けた母親のショックは大きかった。母親から園長に電話があり、「相談にのってほしい」とのことだった。やってきた母親は話し出すと止まらなかった。「通告された。児童相談所が来て、子どもを確認したいというので見てもらった。だれが通告したのか教えてほしいと頼んでも、それはできないという。いつも窓を閉めておくのに、たまたま開けておいたせいだ。おもちゃを散らかし放題、つい大声で怒鳴ったら泣きやまない。最近、特に怒り方がひどいと、自分でも思う。児童相談所は今回のことは気にしないでと言って帰ったが、また通告されるのではないか。夫は出ていくし、今後どうしたらいいのか」。そのようなことを話し続け、前の面談のときとは人が変わったように打ちひしがれていた。

　園長は「近所の人が心配してくれたと思えばいい。Ａちゃんを毎日登園させて、お母さんはがんばっている」と話し、次いでこども家庭センターの名前を出した。「子育てだけでなく家庭生活全般の相談にのってくれる。家庭訪問もする。保育園にも来てくれる。こども家庭センターの**子ども家庭支援員**（以下、支援員）は私自身よく知っている人で、信頼できる人だ」と話

注4・・・・・・・・・・・・・
　第Ⅰ部第3章第1節1「行政機関等」を参照。

子ども家庭支援員
　こども家庭センターには、センター長の下に、統括支援員（母子保健および児童福祉双方の業務について十分な知識を有し、俯瞰して判断することができる者で、実務面においてリーダーシップをとり、実務マネジメントを担う）が配置される。その他、相談対応等を担当する者として、子ども家庭支援員、保健師等が配置される。

すと、母親は「園長が信頼している人なら」と言って
承諾した。そしてこの日早速、保育園で面談した。

＜事例の解説＞

①ショックを受けたものの、母親は自ら園長に会いに行った。
このときの面談で、母親が今後の生活に不安をもっている
ことがわかった。園長は、保育所だけの対応では限界があ
ると考え、こども家庭センターを紹介することにした。こ
のように保育所だけで抱えず臨機応変に、より適切な専門
機関につなぐことが大切である。

②園長はこども家庭センターにつなげるとき、「私自身よく
知っていて、信頼できる人」と支援員の人柄を紹介した。
それを聞いて母親は、園長が信頼している人なら安心でき
ると思い、相談する気になった。

他機関の紹介は「たらいまわしにされた」と思われること
もある。保護者に寄り添うていねいな対応が必要である。
そのためには、日ごろから関係機関との連携、交流を行い、
スタッフの人柄までを知る関係づくりに努めることが求め
られる。

3　段階3：こども家庭センターとのネットワーク

事例 19

こども家庭センターの支援員は、通告についても母
親にていねいに説明した。「法律上、虐待と確信でき
なくても国民には通告の義務がある。結果的に虐待で
はない家庭も多い。しかし、疑われた親の精神的苦痛
が大きいことも承知している。通告がきっかけで救わ
れる子どももいる」。このようなていねいな説明を受
けて、母親の怒りはやわらいだ。

母親は夫のことを話しはじめた。「半年くらい前か
ら態度が変わり、大声で怒鳴るようになった。突然の
変化で、わけがわからない。私は非正規雇用なので、
この先どうなるのか。夜も眠れない」。母親が抱え込

んでいたものが見えた面談だった。

　これを受けて、子ども家庭センターは要保護児童対策地域協議会[注5]の個別ケース検討会議を開催した。こども家庭センターの統括支援員、支援員、保健師の他、児童相談所児童福祉司、当該保育園園長と保健担当、発達支援センターソーシャルワーカー、母子・父子自立支援員（以下、母子支援員）などの関係者が一堂に会した。経過と情報を整理して見えてきたのは、夫婦関係の危機、Ａちゃんの面前での夫の暴言、それらがＡちゃんの心に影響を与えた可能性、母親の精神面の不調、そして今後の生活に対する不安感だった。

　メンバーは「ここでしっかりと支えないと、深刻化する可能性がある」と考えた。当面の相談、支援の中心はこども家庭センターが担うこととし、各機関の役割分担を確認した。保育園は、母親とコミュニケーションを図りながら母子を注意深く見守ることになった。

　保育園は職員会議を開き、要保護児童対策地域協議会の個別ケース検討会議の内容を報告した。また、Ａちゃんのようすや夢中になった遊びは連絡帳や送迎時の対話で詳しく母親に伝えることを決めた。さらに、保健担当が担任を補佐する形でＡちゃんと個別に関わることにした。

注5 ・・・・・・・・・・・・・
　第Ⅰ部第3章第1節1「行政機関等」を参照。

＜事例の解説＞

①保育園が見ているＡちゃんと母親の状況について、当然だがほかの機関は知らない。一方、保育園が見ているのは、Ａちゃんたちの全体像の一局面である。一部しか見ていないひとつの機関だけで、子どもと家庭に起きている問題すべてを把握することはできない。関係機関等の情報の共有を行ってはじめて、事態の深刻さが認識できる。このようなことからも、関係機関との連携を体系的に行うことは非常に重要である。

②保育園は、要保護児童対策地域協議会の個別ケース検討会議のあと職員会議でさらに検討し、母親に対して、保育園で楽しそうに過ごすＡちゃんのようすを詳しく伝えること

にした。Aちゃんの成長を喜び合い、母親が子育てに前向きになれるためにと考えたのである。また、担任だけに任せるのではなく、保健担当も補佐的に関わるなど、保育園としての体制づくりも検討した。

このように保育士はじめ職員一人ひとりが、自分自身が地域のネットワークの一員であるという意識をもって取り組むことが大切である。

4　段階4：新たな問題と、つながる支援

事例20

　事態は急変した。突然、引っ越すことになったという。身近に頼れる人のいない母親は、こども家庭センターにSOSを出した。支援員はすぐに新居を訪問した。突然マンションの引き渡しを求められたとのことだった。表情からは疲労困憊(こんぱい)ぶりがうかがえた。

　支援員は児童養護施設での**ショートステイ（短期入所生活援助事業）**を提案したが、母親は躊躇(ちゅうちょ)した。そこで、ファミリー・サポート・センターや民間ボランティア団体などに、保育園の送迎、引っ越しの片づけ、家事、子どもの見守りを依頼した。そうして疲労困憊の状態から脱することができた。その間、こども家庭センターの支援員は保育園や自宅で時折面談した。母親は「離婚を決意した」と語った。

　支援員は、より専門性の高い母子支援員につなぐことにした。支援員と共に家庭訪問した母子支援員は、生活保護を含め、児童扶養手当、ひとり親家庭等日常生活支援事業や社会福祉協議会の資金貸付など、ひとり親支援のための事業を説明した。必要に応じてそのつど相談にのる旨を話した。母親は「ホームページで調べてみたが、よく理解できなかった。でも、相談しながら利用すればいいと思うと気が楽になった」と話した。

　課題だった児童発達支援センターへは、保育園の保健担当が同行した。こども家庭センターの保健師がサ

短期入所生活援助事業

児童福祉法第6条の3第3項における子育て短期支援事業について、「子育て短期支援事業実施要綱」（こども家庭局）は、(1)短期入所生活援助（ショートステイ）事業、(2)夜間養護等（トワイライトステイ）事業を規定し、保護者のレスパイト・ケアなどを実施する。ショートステイは、必要に応じて、親子を短期入所させる。

ポートして、母親の精神科クリニックへの通院もはじまった。養育費や面会交流などの取り決めも行った。

　将来的には、安定した収入のための職業能力の向上も課題となると予想されるが、いまでは母親は、さまざまな機関が連携して自分を支援してくれていることを実感している。

　保育園は、今後Ａちゃんが学齢期に入るなど状況に変化があっても、こども家庭センターにつながったことによって、必要な支援が継続されていくと、安心感をもてている。

＜事例の解説＞

　母親は疲労困憊状態になったが、自らこども家庭センターにSOSを出した。それができたのは、最初の保育園園長との信頼関係がこども家庭センターの支援員にバトンタッチされ、母親が引き続き支援員に信頼感をもつことができたからである。そして、この引き継ぎがうまくいったのは、日ごろからの保育園園長と支援員の連携関係があったからである。

　このように、子ども家庭支援における「連携」とは、機関と機関のあいだの関係だけを意味しているわけではない。機関のスタッフ同士が互いに、顔と顔でつながっていることが重要であることがこの事例から示唆される。対人援助である以上、互いの役割をふまえたうえで、顔が見える関係や機会をもつ体制がつくられていることによって、連携は実質的に意味をもつのである。

5　まとめ〜ネットワークの一員としての自覚を〜

　立方体は、見る角度によっては四角い平面に見える。角度をずらしたり多角的に見て、立方体だとわかる。一部を見ただけでは、子どもと家庭に起きている問題のすべてを把握するのはむずかしい。問題が深刻化する前の早期発見、早期対応には、関係機関等の情報の共有、連携が重要となる。こども家庭センターは、関係機関等との連携のもとに、子どもや家庭の課題・ニーズをくみ取り、変化する家庭の状況に応じた継続的なマネ

ジメントを実施する。

　保育所では、職員会議や研修などにより、こども家庭センターの役割や業務について、また連携の重要性についての理解の共有や、連携体制の構築に努めるなど、組織的に取り組むことが重要である。そして、保育士をはじめ職員一人ひとりが、自分自身が地域のネットワークの一員であるという意識をもつことが大切である。

　また、連携とは、機関と機関の関係だけをいうのではない。機関のスタッフ同士が互いに、顔と顔でつながっていることが重要である。顔が見える関係において、信頼関係は構築される。

第5節 地域の子育て家庭に対する支援

1 保育施設等を利用していない子育て家庭の現状

　内閣官房ホームページには、令和元(2019)年度における幼稚園や認定こども園・保育所等を利用している児童数とその割合、それらを利用していない未就園児数とその割合が年齢別に示されている。ここからは、3〜5歳児には未就園児がほとんどいない(3歳児では5%程度が未就園)のに対し、2歳児の49%、1歳児の55%、0歳児の84%が未就園児であることがわかる[3]。言い換えれば、乳児の8割以上、1〜2歳児の約半数が、保育所や認定こども園等に通うことなく、主に家庭で養育を受けていることになる。

　厚生労働省が発表した「令和元年度雇用均等基本調査」の結果の概要によれば、平成19(2007)年以降令和元年までに育児休業を取得している女性の割合は80〜90%で推移している。こうした比較的高い育児休業の取得率が、上述の0〜2歳児が家庭で養育を受けている割合の高さと連関している[4]。

　しかし、家庭での養育すなわち未就園とは、子どもの送迎で毎日のように顔を合わせる他の母親らや園の保育士という専門職とのつながりが持てないことを意味する。NPO法人子育て

ひろば全国連絡協議会の調査によると、全国約 1,100 人の子育てひろば利用者（母親）のうち実に 72.1% が、自分が育った市区町村で子育てをしておらず、アウェー育児になっていることが明らかにされている[*5]。これは近隣との関係性が薄いことを意味する。

　母親同士の友人ができず、専門職ともつながりをもてず、しかも近隣社会から孤立しがちな核家族であれば、日々の育児に深刻な不安を抱えている可能性も大きいと思われる。

　文部科学省ホームページに公表されている「令和 2 年度家庭教育の総合的推進に関する調査研究」の報告書によると、末子年齢が 3 歳までの子どもを育てている男女 1,466 人のうち 11.3% が育児に負担を感じておらず（つまり 88.7% は何らかの負担を感じている）、また、71.2% が育児についての何らかの悩みや不安を感じていると回答している。[*6] その具体的な内容を見ると、しつけの方法や子どもの気持ちがわからず、子どもの生活習慣の乱れや子どもの健康・発達に関する悩みや不安を抱える保護者が多く見られ、時間的余裕のなさや精神的・身体的な負担を感じている保護者の比率も高い。ここから、育児に対する自信を持てない状態やストレス状態（心身の疲労）に陥っている保護者が一定数存在することが推測される。

　もちろん、周囲の身近な存在からの支援はある。子育て中の核家族の女性（妻）にとって最も身近な支援者は男性（夫）である。総務省統計局ホームページで公開されている「令和 3 年社会生活基本調査」の結果のうち、「6 歳未満の子供を持つ夫・妻の家事関連時間の推移（2001 年～ 2021 年）」を見ると、家事関連時間（家事、介護・看護、育児、買い物に費やされる時間）について、妻は 7 時間 41 分（2001 年）から 7 時間 28 分（2021 年）と若干減少している。夫は 48 分（2001 年）から 1 時間 54 分（2021 年）と 1 時間以上増加してはいるものの、妻に対する家事・育児などの負担が圧倒的に大きいままである[*7]。

　上述のように、いわゆるワンオペレーションに偏りがちとなり、さらには孤立しがちな育児は、特に女性に対する強いストレスとなりうる。乳幼児健康診査（1 歳半および 3 歳児健診）に来た母親 383 人のデータから、母親がストレスを感じる対象者（子ども、夫、自分の親、夫の親、近所付き合い、親戚付き合い）と母親の不適切な養育行動（11 項目）との関連を分析した

研究*8 によると、子どもとの関係でストレスを感じている母親のほうが、11項目中7項目で不適切な養育行動を有意に多く示すことが、また、夫との関係でストレスを感じている母親のほうが、11項目中6項目で不適切な養育行動を有意に多く示すことが明らかになっている。

以上のことから、子育てを担う女性のなかには、近隣社会からだけではなく、家族である夫からの支援も十分に受けられず、孤立した育児を強いられているために、育児に対する負担や不安を感じている女性が存在する可能性、さらには、子どもとの関係だけでなく、夫との関係で精神的な負担を感じている場合に不適切な養育をしてしまう女性が存在する可能性が指摘できる。

すでに述べたように、子どもの養育に関する専門職に日常的につながっていない子育て家庭が、0歳で85%程度、1歳と2歳で約半数であることを考慮すると、特に3歳未満の子どもを育てている母親が抱えがちな育児負担・不安等の軽減・解消に導く地域における支援の充実が強く求められる。その取り組みとして、こども誰でも通園制度が開始されるが、ここでは保育士による地域での支援に焦点を当て、その実際と意義のひとつであるA市B区における取り組み事例として紹介する。

2　保育士による地域における子育て支援の取り組み事例

地域で自らの専門性を生かして子育て支援に積極的に関わっている専門職の一つとして、**地域子育て支援拠点事業**に従事する保育士があげられる。なぜなら、拠点を利用しにやって来る親子に対応する（待つ支援）だけではなく、近隣の保育所や子育てサークルに出向いて（届ける支援）、親子講座などのプログラムを提供したり、子育て相談に応じたりしているからである。

一方で、保育所や認定こども園に勤務する保育士は所属する保育所等の特性を生かしながら地域の子育て支援も取り組んでいる。なぜなら、「保育所保育指針（平成29〔2017〕年3月31日告示）」または「幼保連携型認定こども園教育・保育要領」（平成29年3月31日告示）」における地域の子育て支援に該当する箇所（いずれも「第4章 子育て支援」）には、園庭があるなどの保育所・認定こども園の特性を生かすことと、記載されてい

地域子育て支援拠点事業

児童福祉法に基づく子育て支援事業であり、子育て家庭の孤立を防いだり、育児不安などを軽減したりするという目的で、地域住民に提供されている。この拠点で提供されるサービスは多岐にわたるが、「子育て親子の交流の場の提供と交流の促進」「子育て等に関する相談、援助の実施」「地域の子育て関連情報の提供」「子育て及び子育て支援に関する講習等の実施」が基本となる4事業であり、さらに、一時預かり、出張ひろば、多世代の交流など発展的なサービスを提供する拠点もある。第Ⅰ部第3章第2節3「子ども・子育て支援制度」を参照。

るからである。

　ここでは地域子育て支援拠点事業の一つの事例として、A市B区で長年にわたって取り組まれていたアウトリーチ型のユニークな子育て支援活動を紹介する。主に就園前の親子支援を担っている地域子育て支援拠点と地域の公立保育所との連携による取り組みである。

事例21：地域子育て支援拠点事業の取り組み

　A市は9区10か所にセンター型の地域子育て支援拠点（以下、センター型拠点）を置いていた[注6]。同市B区にあるセンター型拠点の名称は「Cセンター」であった。Cセンターは、市内の他のセンター型拠点と同様に地域子育て支援拠点としての基本4事業を実施していたが、それ以外の取り組みの中で特長的なものとして挙げられるのが、Cセンターの保育士がB区内の公立保育所に勤務する保育士と一緒に地域にある「子育てひろば（大学が運営する地域子育て支援拠点）」に出向くというプログラムであった。

　A市は、「大学と連携した地域子育て支援拠点」を重視しており、令和6年度現在、8つの大学・短期大学（7区に10か所）にひろば型の拠点事業（補助金事業）を任せている。B区には2か所の大学運営拠点があり、Cセンターは、このうちD大学大学院が運営している「子育てひろばE」で、先述したプログラムを提供していた。

　平成19年1月からはじまったこのプログラムは、毎週火曜日の午前中に、Cセンターの保育士や公立保育所の保育士がペアになって、年間ローテーションに従って「子育てひろばE」にアウトリーチし、利用者である親子の見守り、親からの育児等に関する個別の相談対応、30分程度の親子遊びを担当するというものであった。

　このプログラムは「子育てひろばE」の利用者にとって大変魅力的であり人気も高く、毎回、数多くの利用者が参加していた（例えば、平成29年度の本プログラムは年間36回開催され、延べ約2,000名の親子、1

注6‥‥‥‥‥‥‥‥
　A市では、各区に置かれていたセンター型拠点はなくなり、現在は、これに代わり、民間事業者が委託を受けて一般型の拠点を運営している。

回あたり約 25 組が利用)。とりわけ、個別の相談は利用者のニーズが極めて多く、子どものイヤイヤ期に親としてどのように対応したらよいか、おもちゃの取り合いなど子ども同士のトラブルをどう解決したらよいか、子どもが園生活にうまく適応できるかどうか不安である等の相談に、保育士ならではの視点から対応していた。

＜事例の解説＞

　現在、地域の子育て支援を担うことが、保育所や認定こども園の保育士の重要な業務となっている。特に、保育士が未就園児とその家庭（主に 3 歳未満の子どもの保護者）と出会うことは、子育ての不安感や負担感が高いとされる保護者への支援につながると考えられるので、この点で大きな意義をもっている。ここで紹介した取り組みは、こうした支援の機会を数多くの保育士に提供している。

　また、アウトリーチ活動によって、未就園児の保護者と接点をもつなかで、例えば、相談等に対応することをとおして顔見知りになった保護者が自分の保育所・認定こども園に入所・入園してくる可能性がある。保護者の側からすれば、以前にていねいに相談にのってくれた顔見知りの保育士がいれば安心感が高まるし、保育士の側からすれば、過去の相談をとおして、すでにある程度、家庭の事情や背景を知っている親子なので、スムーズに保育に入れるという意義もあると考えられる。

　一方で、こうした未就園の親子は、いわゆる専業主婦（主夫）家庭や育児休業取得中の家庭が多く、子育てひろばなどを昼間に利用することが多い。つまり、3 歳未満の子どもとその親を効果的に支援するのに最もふさわしい場所は、子育てひろばや子育てサークル（サロン）などとなる。

　センター型拠点にもひろばの機能は備わっているが、あらゆる家庭に支援を「届ける」という観点からすれば、センターの保育士等従事者が域内各所の子育てひろば等にアウトリーチすることが望まれる。ここで紹介したプログラムは、センター型拠点にとっても、より多くの低年（月）齢の子どもを育てている家庭への支援という業務を充実したものとする一助となってい

ると考えられる。

　保育所や認定こども園に勤務している保育士に対して求められる役割が近年ますます増大していることを考えれば、地域に出向くという支援は大きな負担であろう。しかし、本節で紹介した取り組みが実際に15年間継続してきたという事実は、それがセンター型拠点にとっても保育所にとっても大きな意義があったといえる。今後も、こうした保育士によるアウトリーチ活動が、全国各地で積極的に展開され、地域の子育て支援が充実していくことが期待される。

第6節　要保護児童等の家庭に対する支援とその実際

1　要保護児童について

(1)　要保護児童とは

　児童福祉法(第6条の3第8項)では、「要保護児童」を「保護者のない児童又は保護者に監護させることが不適当であると認められる児童」として規定している。つまり、要保護児童とは、保護者からの適切な養育を受けることが困難な子どものことを示している。

　要保護児童に関わる保護や制度の体制については、子どもの福祉に関する歴史を見ても、長く社会的な課題として注目される分野のひとつであった。児童福祉法が制定された昭和22(1947)年当時の要保護児童の状況は、戦災孤児や引揚孤児、棄子といった戦争を背景とした子どもに対する保護が中心であった。しかし、現在では、その保護の対象となる背景に大きな変化が起こっている。

（2）　要保護児童の背景

　保護が必要だと判断される要保護児童およびその家庭に対しては、主に児童相談所が子どもや保護者に対する対応を行うことが中心となる。そして、児童相談所が必要と判断する場合には、里親への委託や、乳児院や児童養護施設等の児童福祉施設へ措置される。実際に保護が必要となり、施設入所措置が取られた子どもについて、その入所理由を見ると要保護児童の現在の背景が見えてくる。

　児童相談所における相談の種類別対応件数の年次推移（図Ⅱ-3-3）を見ると、年々、児童相談所の相談対応件数は増加の一途を辿っていることがわかる。全国約230か所の児童相談所が児童虐待相談として対応した件数は、過去最多となっている。その内訳について、児童虐待の相談種類別対応件数の年次推移（図Ⅱ-3-4）を見ると、心理的虐待の割合が最も高く、次いで身体的虐待の割合が高い。

　戦後に見られた親のいない子どもの保護が必要であった背景は、さまざまな時代の変化とともに家族の問題へと変化し、今日では、要保護児童は親（両親ないしはひとり親）のいる場合も多くなっていることも想定され、親からの虐待が多く見られるといえる。その背景には、さまざまな問題が複雑に関連し合い、

図Ⅱ-3-3　児童相談所における相談の種類別対応件数の年次推移

凡例：養護相談　育成相談　保健相談　障害相談　非行相談　その他の相談

年度	養護相談	障害相談	育成相談	保健相談	その他の相談	非行相談	合計
平成30年度	228,719	188,702	43,594	13,333	28,864	1,644	504,856
令和元年度	267,955	189,714	42,441	12,410	30,743	1,435	544,698
令和2年度	280,985	162,351	38,908	10,615	33,144	1,269	527,272
令和3年度	283,001	203,619	41,534	10,690	31,676	1,441	571,961
令和4年度	292,119	186,299	40,161	11,966	34,214	1,254	566,013

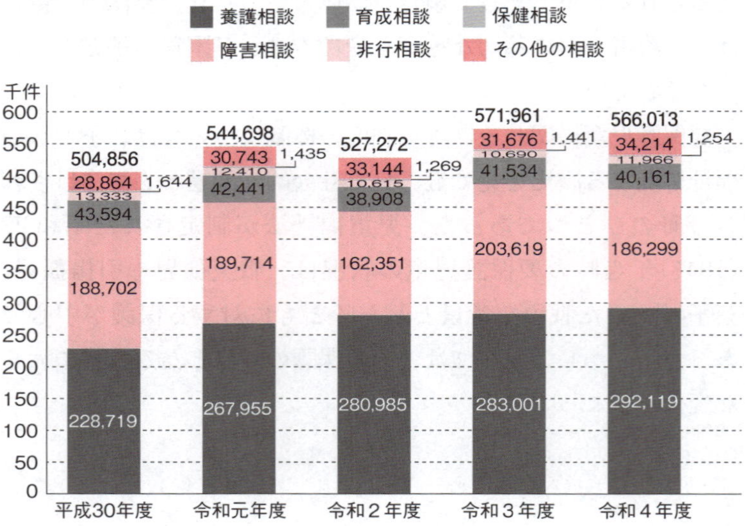

出典：厚生労働省「令和3、4年度福祉行政報告例の概況」より大和田作成

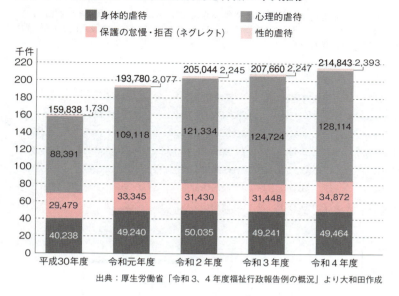

図Ⅱ-3-4　児童虐待の相談種類別対応件数の年次推移

出典：厚生労働省「令和3、4年度福祉行政報告例の概況」より大和田作成

現代の子どもの貧困とつながる要因をも含んでいる。

2　施設で生活する要保護児童と地域で生活する要保護児童

(1)　施設で生活する要保護児童

　児童相談所が対応する児童虐待相談のうち、令和4年度の児童虐待相談対応の内訳（図Ⅱ-3-5）でわかるとおり、児童福祉施設への措置入所が必要な要保護児童は、乳児院や児童養護施設等の社会的養護の支援を行う施設へ入所となる。日本における社会的養護の支援体制は、措置入所が必要な要保護児童全体の約9割が施設入所となっている。

　しかし、近年、平成28(2016)年の児童福祉法改正にともない、家庭で適切な養育が受けられない場合においては、家庭における養育環境と同様の環境（里親やファミリーホーム）での継続的な養育をすることが原則との方針が打ち出された。乳児院や児童養護施設への入所人数の推移を見ると、これまでに比べると多少減少傾向にあり、里親やファミリーホームへの委託率に増加傾向が見られることは、このような社会的養護の支援体制への考え方の変化が背景にある。

図Ⅱ-3-5　虐待相談の対応状況

○ 虐待相談を受け付けた後の対応状況は、助言指導や継続指導等のいわゆる面接指導が184,208件（85.4％）と最も多く、施設入所等については1割未満の3,751件となっている。施設入所等の内訳は、児童養護施設が2,273件（60.8％）と最も多くなっている。

虐待相談への対応

	施設入所等	里親等委託	面接指導	その他	総数
平成29年度	3,986(2.9%)	593(0.4%)	121,182(89.7%)	9,391(6.9%)	135,152
平成30年度	3,990(2.5%)	651(0.4%)	143,957(88.8%)	13,480(8.3%)	162,078
令和元年度	4,294(2.2%)	735(0.4%)	171,230(87.1%)	20,290(10.3%)	196,549
令和2年度	3,692(1.8%)	656(0.3%)	176,636(85.6%)	25,317(12.3%)	206,301
令和3年度	3,804(1.8%)	617(0.3%)	177,695(85.0%)	26,859(12.9%)	208,975
令和4年度	3,751(1.7%)	689(0.3%)	184,208(85.4%)	27,052(12.5%)	215,710

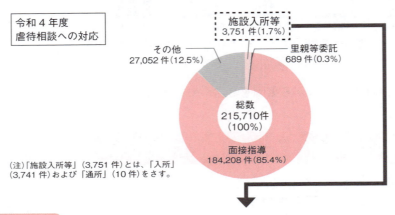

（注）「施設入所等」（3,751件）とは、「入所」（3,741件）および「通所」（10件）をさす。

施設入所等の内訳

	児童養護施設	乳児院	児童自立支援施設	児童心理治療施設	その他	総数
平成29年度	2,396(60.2%)	800(20.1%)	137(3.4%)	189(4.8%)	455(11.4%)	3,977
平成30年度	2,441(61.3%)	736(18.5%)	137(3.4%)	196(4.9%)	473(11.9%)	3,983
令和元年度	2,595(60.5%)	850(19.8%)	170(4.0%)	190(4.4%)	486(11.3%)	4,291
令和2年度	2,274(61.8%)	663(18.0%)	147(4.0%)	168(4.6%)	429(11.7%)	3,681
令和3年度	2,360(62.2%)	685(18.1%)	127(3.3%)	197(5.2%)	423(11.2%)	3,792
令和4年度	2,273(60.8%)	711(19.0%)	128(3.4%)	179(4.8%)	450(12.0%)	3,741

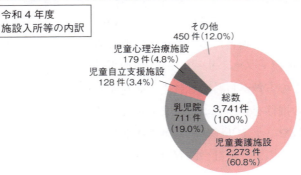

出典：厚生労働省「令和4年度福祉行政報告例の概況」より大和田作成

(2) 地域で生活する要保護児童

　一方で、虐待相談の対応状況(図Ⅱ-3-5)でわかるように、児童相談所が対応する児童虐待相談のうち、前述のような社会的養護における児童福祉施設に措置入所する子どもの割合は、全体の約1割にも満たない現状がある。

　つまり、要保護児童はすべて社会的養護の支援を必要とする児童福祉施設に措置入所し生活するわけではない。児童相談所において虐待相談を受けたケースの多くは、児童相談所における親への助言指導や在宅指導等の面接指導としての対応がとられている。したがって、地域のなかで生活しながら支援を必要とするケースのほうが多いということである。

3　要保護児童と家庭への支援

(1)　家庭養育

　家庭養育とは、子どもが親による養育を受けることができる養育環境のことをさす。多くの子どもたちが育ち、生活している環境は、この家庭養育である。

　家庭養育で育つ子どもの親に対する支援は、地域のあらゆる社会資源における子育て支援として提供されている。例えば、市役所をはじめ地域の保健センター、児童家庭支援センター、保育所、認定こども園、幼稚園、学校等の保育・教育機関、児童相談所、こども家庭センター、さらには、地域の民生委員・児童委員、主任児童委員等も含む、地域のなかにある身近な施設や機関が情報の提供や相談、支援を担う。

(2)　要保護児童を支援する社会的養護

　社会的養護とは、こども家庭庁によると「保護者のない児童や、保護者に監護されることが適当でない児童を、公的責任で社会的に養育し、保護するとともに、養育に大きな困難を抱える家庭へ支援を行うこと」である。社会的養護は、基本理念として「子どもの最善の利益のために」「社会全体で子どもを育む」

ことの2つを掲げて支援を行っており、地域を基盤とした「家庭養護」と施設を基盤とした「施設養護」の形態がある。

　平成28年の児童福祉法改正においては、国・地方公共団体は、子どもが家庭で健やかに養育されるよう保護者を支援するものとし、家庭での養育が適当でない場合は子どもが家庭での養育環境と同様の環境で継続的に養育されるよう必要な措置を取る旨が法律に明記された。

❶地域を基盤とした社会的養護

　地域を基盤とした社会的養護には、「家庭養護」と呼ばれる形態があり、家庭と同様の環境での養育として、代替的養育の役割をもっている。里親（養育里親・専門里親・親族里親・養子縁組里親）や小規模住居型児童養育事業（ファミリーホーム）、さらには、普通養子縁組・特別養子縁組といった養子縁組制度が位置付けられている。

　家庭養護における、里親やファミリーホームで子どもを支援する養育者（養親）に対する支援については、児童相談所のケースワーカー（児童福祉司）をはじめ、里親会、里親支援専門相談員等が担っている。また、里親を希望する者や養育里親に対する研修制度、里親家庭で生活する子どもおよび里親への養育相談事業、さらには里親が一時的リフレッシュを行うことができるようにするためのレスパイトケア等が支援として行われる。

　児童虐待の相談件数の年次推移（図Ⅱ-3-6）、種別ごとの虐待の経験（図Ⅱ-3-7）でわかるように、家庭養護を必要とする子どものなかには、被虐待体験をもつ子どもも多い。里親に委託されている子どものうち約5割が被虐待体験をもっている現状がある。

　そのため、令和4年の児童福祉法改正では、里親支援事業を行うだけでなく、里親および里親に養育される子どもならびに里親になろうとする者への相談その他の援助を行う児童福祉施設として「里親支援センター」が位置付けられた。

❷施設を基盤とした社会的養護

　施設を基盤とした社会的養護を「施設養護」と呼ぶ。施設養護は、入所で営まれる児童福祉施設の支援の形であり、乳児院や児童養護施設等がそれに該当する。現在、社会的養護が必要とされる子どもの約8割が施設入所での支援形態をとっている。厚生労働省が示す種別ごとの虐待の経験（図Ⅱ-3-7）から見

図Ⅱ-3-6　児童相談所における児童虐待の相談対応件数の年次推移

○ 全国の児童相談所における児童虐待に関する相談件数は、児童虐待防止法施行前の平成11年度に比べ、令和4年度には約18倍に増加。

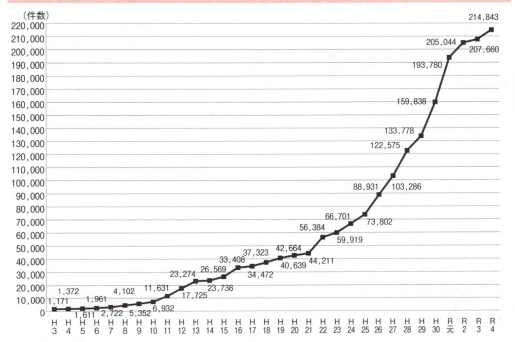

※平成22年度の件数は、福島県を除いた数　※福祉行政報告例を基にこども家庭庁において作成
出典：こども家庭庁ホームページ「児童相談所における児童虐待相談対応件数」

図Ⅱ-3-7　種別ごとの虐待の経験

○ 里親に委託されている子どものうち約3割、乳児院に入所している子どものうち約4割、児童養護施設に入所している子どものうち約6割は、虐待を受けている。

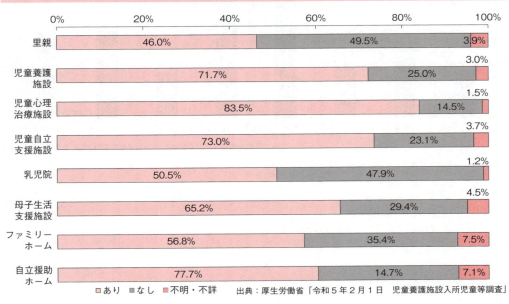

出典：厚生労働省「令和5年2月1日　児童養護施設入所児童等調査」

ると、要保護児童のうち、施設入所として乳児院に入所している子どもの5割超、児童養護施設に入所している子どもの7割超、児童心理治療施設に入所している子どもに至っては、8割超が措置理由に「虐待」をあげている現状がある。このように、施設入所での支援を必要とする要保護児童の多くが、被虐待体験をもつ。

　また、こども家庭庁が示す「社会的養育の推進に向けて（令和6年11月）」によれば、社会的養護を必要とする要保護児童のうち、何らかの障害等のある児童の増加も指摘されている（図Ⅱ-3-8）。また、障害と判断されるには至っていないが、知的能力の課題やこだわりの強さ、関係性の築きにくさといった気になる子どもを含めると、この数字はより高いものになることがうかがえる。

図Ⅱ-3-8　障害等のある子どもの増加

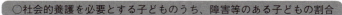

○　社会的養護を必要とする子どもにおいては、全体的に障害等のある子どもが増加しており、里親においては29.6%、児童養護施設においては42.8%が、障害等ありとなっている。

○社会的養護を必要とする子どものうち、障害等のある子どもの割合

出典：厚生労働省「児童養護施設入所児童等調査結果（各年2月1日現在）」

このような現状から、平成24年11月「児童養護施設等の小規模化及び家庭的養護の推進について」の方針が出され、要保護児童を施設入所で支援する児童養護施設等においては、より家庭に近い生活環境（家庭的養護）をめざし、施設の小規模化やグループホームといった小さな単位での支援の形を推進することとなった。被虐待体験や障害を含めた、子どもたち一人ひとりの生きづらさにも寄り添うことができる支援の形が模索されている。

これまでの児童養護施設の入所年限である満18歳未満を超えた者に対しても必要に応じて継続的な支援を行うことが可能となった。

また、これまで、主に自立援助ホーム等で実施されてきた児童自立生活援助事業では、義務教育を終了した児童等が満20歳まで利用でき、特に、自立のための支援を継続して行うことが必要と認められる場合（例えば、大学等への進学）においては、原則22歳の年度末まで状況に応じて必要な支援を行うこととされてきた。令和4年の児童福祉法改正では、「自立」について年齢要件や教育機関への在籍等の条件を設けず、「都道府県知事が認めた」時点まで児童自立生活援助の実施を可能とした。また、自立援助ホームに限らず、児童養護施設や里親、ファミリーホームにおいても児童自立生活援助が実施可能となった。これにより、今まで以上にそれぞれの地域のなかで自立した生活を営む力を構築する支援に加え、困ったとき、迷ったとき、いつでも相談できる関係性の継続的な構築といった、一人ひとりに合わせた包括的で継続的な支援のあり方が求められている。

4 要保護児童と家庭に対する新たな支援の方向性

平成28年の児童福祉法改正にともない、施設で生活する要保護児童への支援は、より家庭に近い生活環境として家庭的養護をめざし、地域で生活する要保護児童については、里親やファミリーホーム等での家庭養護での支援を推進する方向性が示された。

これらの方向性は、子どもを育てる家庭における、家庭内の児童虐待の増加に加え、不適切な関わりを含めた養育不全が起

こる可能性を鑑み、すべての子どもとその家庭を社会で支援する養育システム構築の必要性によるものである。

　平成28年の児童福祉法改正を受ける形で、平成23（2011）年7月に社会保障審議会社会的養護専門委員会で取りまとめられた「社会的養護の課題と将来像」を全面的に見直し、平成29年8月2日「新しい社会的養育ビジョン」が、新たな社会的養護のあり方に関する検討会より報告書として提出された。

　この内容は、児童福祉法改正の背景のひとつである児童虐待の増加を鑑み、虐待を受けた子ども、何らかの事情で親が育てることが困難な子どもを含め、すべての子どもと家庭を支援するために、市町村における子どもと家庭を総合的に支援できるソーシャルワーク機能・体制の構築が基盤となっている。

　新しい社会的養育ビジョンにおいては、要保護児童を含めた子ども家庭への支援の中心に家庭養育を掲げている。その方向性をふまえて、要保護児童を家庭養護のなかで育てる里親への包括的支援体制（フォスタリング機関）の強化が図られることになり、令和4年の児童福祉法改正では、新たに市区町村の家庭支援強化に加えて里親支援センターの創設も行われた。里親支援センターは、里親支援事業を行うほか、里親および里親に養育される児童ならびに里親になろうとする者について相談その他の援助を行う施設として、児童福祉施設のひとつに位置付けられた。これまでは、里親支援事業の一部のみにとどまっていた状況から、一貫した体制で継続的に里親等の支援を提供し、包括的に里親支援を行うための施設としての役割を担い、家庭養護の推進と児童の養育向上を図る目的で設置された。

　支援のあり方および保育所・認定こども園・幼稚園・学校、里親やファミリーホームを含めた子ども家庭に関わる施設等、子ども家庭支援に関わる関係諸機関との緊密な連携体制を構築することが、重要な課題のひとつとなる。また、地域で生活する子どもとその家族への支援体制は福祉にとどまらず、保健、医療等との密な連携強化体制を構築する必要性も、今後の重要な課題となろう。

学習のふりかえり

1 保育所では、「すべての子育て家庭」を対象とした支援と「特別な配慮や支援を要する子どもや家庭」を対象とした支援が行われている。それぞれの支援について実践事例をとおして理解する。

2 保育士が、保育所やその他の児童福祉施設以外の場所で、地域の子育て家庭を対象として支援を行っていることを知り、その実践について理解する。

3 要保護児童等の家庭に対する支援とその実際について、現状を示すデータをとおして理解する。

引用文献：

*1. こども家庭庁『病児保育事業の実施について』 令和6年3月30日
https://www.city.toyonaka.osaka.jp/jigyosya/proposal/kekka/reiwa6/byoujihoikupuropo.files/byoujijissiyoukou.pdf

*2. 平松知子「保育の場からみる貧困へのまなざし」『発達』ミネルヴァ書房、No.151、2017年、37～41頁

*3. 内閣官房「全世代型社会保障構築会議（第7回）議事次第」参考資料1 基礎資料集　スライド13（令和4年9月28日）
https://www.cas.go.jp/jp/seisaku/zensedai_hosyo/dai7/sankou1.pdf

*4. 厚生労働省「令和元年度雇用均等基本調査」結果の概要 事業所調査結果概要　図4：育児休業取得率の推移22頁（令和2年7月31日）
https://www.mhlw.go.jp/toukei/list/dl/71-r01/03.pdf

*5. NPO法人子育てひろば全国連絡協議会「地域子育て支援拠点事業に関するアンケート調査2015 地域子育て支援拠点における「つながり」に関する調査研究事業 報告書」44頁（平成28年3月31日）
https://kosodatehiroba.com/wp-content/uploads/2015%E3%83%BB2016_aweiikuji.pdfhttps://www.mext.go.jp/content/20210301-mex_chisui02-000098302_1.pdf

*6. 株式会社インテージリサーチ　文部科学省委託調査 令和2年度「家庭教育の総合的推進に関する調査研究～家庭教育支援の充実に向けた保護者の意識に関する実態把握調査～」報告書40～44頁（令和3年2月）
https://www.mext.go.jp/content/20210301-mex_chisui02-000098302_1.pdf

*7. 総務省統計局 報道資料「令和3年社会生活基本調査 生活時間及び生活行動に関する結果 結果の概要」5頁（令和4年8月31日）
https://www.stat.go.jp/data/shakai/2021/pdf/gaiyoua.pdf

*8. 浦山晶美・金川克子・大木秀一「母親の身近な人間関係におけるストレス感と不適切な養育行動の関連性について」『石川看護雑誌』石川看護大学第6巻　11～17頁、2009年

参考文献：

9. 伊藤嘉余子・野口啓示『MINERVA はじめて学ぶ子どもの福祉 10 家庭支援論』ミネルヴァ書房、2017 年
10. 小野澤昇・田中利則・大塚良一『子どもの生活を支える家庭支援論』ミネルヴァ書房、2013 年
11. 子育て支援プロジェト研究会『子育て支援の理論と実践』ミネルヴァ書房、2013 年
12. 柏女霊峰監修・橋本真紀編著『子ども・子育て支援制度 利用者支援事業の手引き』第一法規、2015 年
13. 高野陽・金森三枝『子どもが病気になる前に知っておきたいこと』創成社、2009 年
14. 帆足英一・長島正實監修『実践医療保育』診断と治療社、2007 年
15. 母子愛育会愛育研究所『日本子ども資料年鑑 2018』KTC 中央出版、2018 年
16. こども家庭庁『病児保育事業の実施について』 令和 6 年 3 月 30 日
https://www.city.toyonaka.osaka.jp/jigyosya/proposal/kekka/reiwa6/byoujihoikupuropo.files/byoujijissiyoukou.pdf
17. 厚生労働省『難病及び小児慢性特定疾病の新たな医療費助成制度に係る説明資料』 2014 年 8 月 19 日
https://www.nanbyo.jp/news2/140819-1.pdf
18. 厚生労働省雇用均等・児童家庭局長『児童福祉法の一部を改正する法律の公布について (通知)』 2014 年 5 月 30 日
19. 医療的ケア児及びその家族に対する支援に関する法律　令和 3 年 9 月 18 日施行
https://laws.e-gov.go.jp/law/503AC0000000081
20. 厚生労働省子ども家庭局保育課『保育所等での医療的ケア児の支援に関するガイドラインについて』令和 4 年 9 月 30 日
https://www.mhlw.go.jp/content/12204500/000995731.pdf
21. 令和 5 年度こども・子育て支援推進調査研究事業「保育所等における医療的ケア児の受入れ方策及び災害時における支援の在り方等に関する調査研究」保育所等での医療的ケア児の支援に関するガイドライン 改訂版 令和 6(2024) 年 3 月
https://www.mizuho-rt.co.jp/archive/case/pdf/r05kosodate2023_0202.pdf
22. 加藤尚子『虐待から子どもを守る！ 教師・保育者が必ず知っておきたいこと』小学館、2017 年
23. 保育と虐待対応事例研究会『続・子ども虐待と保育園 事例で学ぶ対応の基本』ひとなる書房、2009 年
24. 福井逸子・柳澤亜希子『乳幼児とその家族への早期支援』北大路書房、2008 年
25. 新 保育士養成講座編纂委員会編『改訂 3 版　新 保育士養成講座　第 5 巻　社会的養護』全国社会福祉協議会、2018 年
26. 厚生労働統計協会『国民の福祉と介護の動向 2018/2019（第 65 巻第 10 号）』厚生労働統計協会、2019 年
27. 厚生労働省 新たな社会的養護のあり方に関する検討会「新しい社会的養育ビジョン」2017 年
28. 厚生労働省「『市区町村子ども家庭総合支援拠点』設置運営要綱」2017 年 3 月 31 日
29. 厚生労働省「『市町村子ども家庭支援指針』（ガイドライン）」2017 年 3 月 31 日
30. 厚生労働省「児童発達支援ガイドライン」2017 年 7 月
31. 厚生労働省　障害児支援の在り方に関する検討会 「今後の障害児支援の在り方について（報告書）～『発達支援』が必要な子どもの支援はどうあるべきか～」2014 年 7 月 16 日

32. 倉石哲也『保育現場の子ども虐待対応マニュアル』中央法規出版、
2018 年

第3章

保育士が行う子育て支援とその実際

項　目　索　引

（あいうえお順）

あ

アウトリーチ　197
アセスメント　115, 181
アセスメントシート　181
新しい社会的養育ビジョン　208
新しい少子化対策について　57
アフターケア　51

い

育児不安　40
1.57ショック　56
一時預かり　64, 174
医療的ケア児　178
医療的ケア児及びその家族に対する支援に関する法律（医療的ケア児支援法）　178

ウ

ウェルビーイング　104

え

援助関係　111
園庭開放　174

か

外国籍家庭　39, 173
外国にルーツをもつ家庭　39
家庭児童相談室　48
家庭訪問　139
家庭養護　204, 207
環境構成　20, 131, 145
関係機関との連携　74, 81
関係構築の技術　147

き

基本的生活習慣　145
虐待　36, 82, 181, 200
行事　140

く

クラスだより　137

け

ケースワークにおける7つの原則　111

こ

行動見本の提示　148
個人情報　35, 138
子育て支援　102, 130
子育て支援の計画　130
子育て支援の展開　125
子育て世代包括支援センター　47
子育ての喜びの実感　26
子育てを自ら実践する力　28, 108
子ども家庭支援員　189
こども家庭センター　47, 162, 189
子ども家庭総合支援拠点　47
こども家庭ソーシャルワーカー　14, 53
こども家庭庁　66
こども基本法　66
子ども・子育て会議　61
子ども・子育て関連三法　61
こども・子育て支援加速化プラン　68
子ども・子育て支援制度　61
子ども・子育て支援法　61, 68
子ども・子育て新システム検討会議　60

こども大綱　67
こども誰でも通園制度　69，121
子どもの権利条約（児童の権利に関する
　条約）　102
子どもの最善の利益　12，102
子どもの保護者に対する保育に関する
　指導　102
こどもまんなか社会　67
こども未来戦略　67
子ども理解　25

さ

里親　90，204
里親支援センター　50，208
里親支援専門相談員（里親支援ソーシャ
　ルワーカー）　204

し

自己決定の尊重　34
次世代育成支援対策推進法　56
施設型給付　61
施設養護　204
市町村保健センター　49
児童委員　53
児童虐待　82，180，200
児童虐待の防止等に関する法律（児童虐
　待防止法）　36，82
児童心理司　53
児童心理治療施設　50，206
児童相談所　44
児童の権利に関する条約（子どもの権利
　条約）　102
児童発達支援センター　52，187
児童福祉司　52
児童養護施設　51
社会資源　44，158
社会的養護　203
社会福祉六法　48
主観的事実　117

主体性　34
主任児童委員　53
守秘義務　48
受容　33
障害　38，81
小規模住居型児童養育事業（ファミリー
　ホーム）　204
状況・状態の把握　125
少子化社会対策基本法　57
少子化社会対策大綱　60
情報提供　137
ショートステイ（短期入所生活援助事
　業）　192
身体的虐待　182
信頼関係の構築　112
心理的虐待　182

す

ステップファミリー　39

せ

生活援助の技術　145
生活モデル　29
性的虐待　182
正当な理由　35
全世代型社会保障　65

そ

送迎時の会話　135
相互理解　77，109
ソーシャルワークの機能　15
措置　45，200

た

第一義的責任　98
多胎児　40
短期入所生活援助事業（ショートステ
　イ）　192

ち

地域型保育給付　61
地域子育て支援拠点事業　64, 196
地域子ども・子育て支援事業　64
地域資源　127
長時間保育　38

つ

通告　36, 82, 183

て

低出生体重児　40

と

ドキュメンテーション　137
特別な配慮を必要とする家庭　39
特別養子縁組　204

に

日常性　108
乳児院　49
妊娠期からの切れ目のない支援体制の
　充実　94

ね

ネグレクト　182

は

バイステック　111
発達援助の技術　144
発達援助の知識・技術　23
発達上の課題　38
発達相談機関　173
母親規範意識　34

ひ

ひとり親家庭　39, 158
秘密保持　35

病児・病後児等預かり事業　176
病児・病後児保育　175
貧困家庭　39

ふ

ファミリーホーム（小規模住居型児童養
　育事業）　204
フォスタリング機関　208
福祉事業　180
福祉事務所　48
普通養子縁組　204
不適切な養育　40, 80, 82
プライバシーの保護　35, 138

へ

偏見　33

ほ

保育 ICT システム　136
保育技術　144
保育コンシェルジュ　64
保育参加　143
保育参観　143
保育所の特性　72
保育所保育指針　2
保育相談支援技術　148
保育の専門性　20
保健師　54
保健所　49
保護者懇談会　138
保護者との協働　24
母子生活支援施設　51

ま

慢性疾患　178

み

民生委員・児童委員　53

よ

養育力　29

養子縁組　186, 204

要保護児童　87, 199

要保護児童対策地域協議会　48

幼保連携型認定こども園教育・保育要
　　領　2

り

利用者支援事業　64

れ

連携　74

連絡帳　136, 169

わ

ワーク・ライフ・バランス　57

『最新　保育士養成講座』総括編纂委員会

■

委員長　柏女　霊峰　　淑徳大学特任教授

秋田喜代美　　学習院大学教授
岩田　　力　　学校法人渡辺学園常務理事
北野　幸子　　神戸大学大学院教授
山縣　文治　　関西大学名誉教授

2024 年 11 月現在

執筆代表者

橋本　真紀　関西学院大学教授
山本　真実　東洋英和女学院大学教授

執筆者（執筆順）

山本　真実	東洋英和女学院大学教授 …………………… 序章／第Ⅰ部 第1章／第5章	
橋本　真紀	関西学院大学教授 …………………… 序章／第Ⅱ部 第1章	
亀﨑美沙子	日本社会事業大学准教授 …………………… 第Ⅰ部 第2章	
山屋　春恵	常葉大学准教授 …………………… 第Ⅰ部 第3章	
鎮　　朋子	梅花女子大学教授 …………………… 第Ⅰ部 第4章	
水枝谷奈央	玉川大学非常勤講師 …… 第Ⅱ部 第2章 第1・2・3・4節	
徳永　聖子	常葉大学講師 …………… 第Ⅱ部 第2章 第5・6・7節	
橋詰　啓子	関西学院大学非常勤講師 …… 第Ⅱ部 第3章 第1・3節	
金森　三枝	東洋英和女学院大学准教授 ………… 第Ⅱ部 第3章 第2節	
熊井　利廣	元杏林大学准教授 …………… 第Ⅱ部 第3章 第4節	
寺村ゆかの	神戸大学大学院教育研究補佐員 …… 第Ⅱ部 第3章 第5節	
大和田明見	東洋英和女学院大学講師 …………… 第Ⅱ部 第3章 第6節	

2024年12月現在

改訂1版　最新　保育士養成講座　第10巻
子ども家庭支援 ― 家庭支援と子育て支援

発　行	2019年6月7日　初版第1刷発行
	2025年3月21日　改訂1版第1刷発行
編　集	『最新　保育士養成講座』総括編纂委員会
発行者	笹尾　勝
発行所	社会福祉法人　全国社会福祉協議会
	〒100-8980　東京都千代田区霞が関3-3-2　新霞が関ビル
	TEL：03-3581-9511　　郵便振替：00160-5-38440
定　価	2,200円（本体2,000円＋10％）
印刷所	株式会社加藤文明社

禁複製

ISBN978-4-7935-1484-5　C0336　￥2000E